Linux para Educadores: Guía Completa para Enseñar Linux Paso a Paso

4.1. Kernel, Shell, y Servicios

INDICE

Sección 1: Introducción al Mundo de Linux

1. ¿Qué es Linux?
    1.1. Historia del Software Libre y Open Source
    1.2. Diferencias entre Linux y otros sistemas operativos
    1.3. ¿Por qué enseñar Linux en el aula?

2. Filosofía de Linux
    2.1. La ética del Software Libre según Richard Stallman
    2.2. Linus Torvalds y el nacimiento del kernel
    2.3. Beneficios para educadores y estudiantes

3. Preparando el entorno de aprendizaje
    3.1. Instalación de Linux en el aula: Live USB vs. Máquinas Virtuales
    3.2. Configuración de laboratorios con distribuciones ligeras
    3.3. Requisitos técnicos básicos

Sección 2: Fundamentos del Sistema Linux

4. Estructura del Sistema Operativo Linux
    4.1. Kernel, Shell, y Servicios
    4.2. El sistema de archivos jerárquico
    4.3. Diferencias clave entre Windows/Mac y Linux

5. Comandos básicos del Terminal
    5.1. Navegación en el sistema de archivos
    5.2. Operaciones con archivos y directorios
    5.3. Gestión de permisos y usuarios

6. Herramientas gráficas en Linux
    6.1. Introducción a los entornos de escritorio
    6.2. GNOME, KDE y otros entornos populares
    6.3. Personalización del escritorio para el aula

Sección 3: Enseñanza Basada en Roles

7. Formación para Administradores de Sistemas
   7.1. Gestión de usuarios y grupos
   7.2. Configuración de servicios básicos: SSH, FTP, etc.
   7.3. Automatización con scripts Bash

8. Formación para Desarrolladores
   8.1. Entornos de desarrollo en Linux
   8.2. Manejo de Git y sistemas de control de versiones
   8.3. Lenguajes de programación y Linux: Python, Java, y más

9. Formación para Usuarios Finales
   9.1. Aplicaciones esenciales para productividad
   9.2. Navegadores, editores de texto y multimedia
   9.3. Uso de herramientas educativas en Linux

Sección 4: Avanzando en la Enseñanza de Linux

10. Redes y Seguridad
    10.1. Conceptos básicos de redes en Linux
    10.2. Configuración de firewalls con UFW e iptables
    10.3. Introducción a la ciberseguridad

11. Linux en la Nube y Virtualización
    11.1. Contenedores y Docker
    11.2. Virtualización con VirtualBox y KVM
    11.3. Linux en plataformas de nube como AWS, Azure y Google Cloud

12. Linux para el Internet de las Cosas (IoT)
    12.1. Raspberry Pi y otras plataformas para proyectos educativos
    12.2. Linux en dispositivos embebidos
    12.3. Proyectos prácticos para estudiantes

Sección 5: Estrategias y Recursos para Educadores

13. Metodologías de enseñanza para Linux
    13.1. Aprendizaje basado en proyectos
    13.2. Gamificación en el aula Linux
    13.3. Evaluación de habilidades técnicas

14. Creación de materiales educativos
    14.1. Diseñando ejercicios prácticos
    14.2. Uso de plataformas como Moodle y Edmodo
    14.3. Recursos gratuitos y comunidades de apoyo

15. Gestionando un curso de Linux exitoso
    15.1. Planificación del currículum
    15.2. Adaptando contenidos para diferentes niveles
    15.3. Resolución de problemas comunes en la enseñanza

Apéndices y Recursos Adicionales

16. Distribuciones Linux para Educación
    16.1. Edubuntu, Debian Edu, y otras
    16.2. Comparativa de características

17. Glosario de términos técnicos

18. Recursos y enlaces útiles
    18.1. Foros y comunidades de Linux
    18.2. Documentación oficial y libros recomendados

19. Preguntas frecuentes para educadores

Descripción:

Linux para Educadores: Guía Completa para Enseñar Linux Paso a Paso es la obra definitiva para educadores y formadores que desean enseñar Linux de manera efectiva y práctica. Este libro está diseñado para transformar a cualquier instructor en un experto en la enseñanza del sistema operativo Linux, cubriendo desde los fundamentos básicos hasta temas avanzados.

Con un enfoque pedagógico innovador y recursos prácticos, este libro es perfecto tanto para profesores con experiencia técnica como para aquellos que están comenzando su camino en la enseñanza tecnológica. Repleto de ejercicios, ejemplos del mundo real, y estrategias probadas, **Linux para Educadores** es la herramienta indispensable para llevar el conocimiento de Linux a las aulas modernas.

Sección 1: Introducción al Mundo de Linux

1. ¿Qué es Linux?

Linux es un sistema operativo basado en el modelo de software libre y de código abierto que ha revolucionado el mundo de la informática desde su creación. A menudo asociado con servidores, computadoras personales y dispositivos embebidos, Linux es el núcleo de una amplia variedad de sistemas operativos denominados "distribuciones" que lo utilizan como base. Su flexibilidad, seguridad y robustez lo convierten en una opción popular para una multitud de aplicaciones, desde el uso doméstico hasta el ámbito empresarial y científico.

Historia de Linux: Los Orígenes

La historia de Linux comienza en 1991, cuando un joven estudiante de informática llamado **Linus Torvalds** decidió crear un núcleo de sistema operativo (kernel) inspirado en el sistema **MINIX**, utilizado para la enseñanza en universidades. Torvalds publicó su trabajo inicial bajo una licencia que permitía a otros modificar y redistribuir el código, lo que marcó el nacimiento del proyecto Linux.

Linux se enmarcó rápidamente dentro del movimiento de **software libre**, liderado por **Richard Stallman** y la **Free Software Foundation (FSF)**. Stallman, a través de la creación del proyecto GNU en la década de 1980, había desarrollado una gran cantidad de herramientas y aplicaciones de software libre que complementaron al kernel de Linux. La combinación de ambos esfuerzos llevó a lo que hoy conocemos como el sistema operativo GNU/Linux.

Filosofía de Linux

La filosofía detrás de Linux es profundamente influenciada por los principios del software libre y de código abierto:

1. **Libertad del usuario**: Los usuarios tienen el derecho de usar, modificar, estudiar y compartir el software.
2. **Colaboración global**: Al ser de código abierto, Linux permite que desarrolladores de todo el mundo contribuyan a su mejora, lo que asegura una evolución continua del sistema.
3. **Transparencia**: A diferencia de los sistemas operativos propietarios, Linux permite inspeccionar su código fuente, fomentando la confianza y seguridad.

Componentes de un Sistema Linux

Aunque el término "Linux" se refiere estrictamente al núcleo del sistema, un sistema operativo Linux completo incluye varios componentes adicionales que lo convierten en una solución funcional:

1. **El Kernel**: Es el núcleo de Linux y actúa como intermediario entre el hardware y las aplicaciones. Administra recursos como la CPU, memoria y dispositivos de entrada/salida.
2. **Shell**: Es la interfaz que permite al usuario comunicarse con el sistema. Puede ser un terminal de comandos como Bash o un entorno gráfico.
3. **Sistema de Archivos**: Linux utiliza un sistema de archivos jerárquico que organiza todos los datos en forma de directorios y subdirectorios.
4. **Aplicaciones y Herramientas**: Incluye desde utilidades básicas de gestión del sistema hasta aplicaciones complejas para tareas específicas.
5. **Gestores de Paquetes**: Permiten la instalación y actualización de software en una distribución Linux. Ejemplos comunes son APT (Debian/Ubuntu) y YUM/DNF (Red Hat/Fedora).

Distribuciones Linux: Diversidad y Flexibilidad

Linux no es un sistema operativo único, sino una base que ha dado lugar a **distribuciones (distros)** adaptadas a diferentes necesidades y perfiles de usuarios. Algunas de las distribuciones más populares incluyen:

1. **Ubuntu**: Una distribución amigable para principiantes, ideal para uso personal y educativo.
2. **Debian**: Conocida por su estabilidad, es una base para muchas otras distribuciones.
3. **Red Hat Enterprise Linux (RHEL)**: Enfocada en entornos empresariales, con soporte técnico de calidad.
4. **Arch Linux**: Una distribución minimalista que permite al usuario personalizar cada aspecto.
5. **Kali Linux**: Diseñada para pruebas de penetración y seguridad informática.
6. **Raspberry Pi OS (antes Raspbian)**: Optimizada para hardware de Raspberry Pi.

Cada distribución puede ofrecer diferentes características, herramientas preinstaladas y entornos gráficos.

Ventajas de Linux

Linux ha ganado una gran popularidad por sus numerosas ventajas en comparación con otros sistemas operativos:

1. **Gratuito y de Código Abierto**: Cualquiera puede descargar, usar y modificar Linux sin costos asociados.
2. **Seguridad**: Su arquitectura multiusuario y actualizaciones frecuentes lo hacen menos vulnerable a malware.
3. **Estabilidad y Fiabilidad**: Es común que servidores Linux operen durante años sin necesidad de reinicio.
4. **Compatibilidad y Flexibilidad**: Funciona en una amplia gama de dispositivos, desde supercomputadoras hasta relojes inteligentes.
5. **Comunidad Activa**: Millones de desarrolladores y usuarios contribuyen al desarrollo y soporte de Linux.

Casos de Uso de Linux

Linux es utilizado en una amplia variedad de sectores y dispositivos:

1. **Servidores**: La mayoría de los servidores web del mundo funcionan con Linux, gracias a su robustez y eficiencia. Distribuciones como Ubuntu Server y CentOS son populares en este ámbito.
2. **Supercomputadoras**: Linux es el sistema operativo de casi todas las supercomputadoras del mundo, debido a su capacidad de personalización y rendimiento.
3. **Dispositivos Embebidos**: Desde televisores inteligentes hasta sistemas de entretenimiento en automóviles, Linux se encuentra en el núcleo de numerosos dispositivos.
4. **Escritorios**: Aunque menos común que Windows o macOS, Linux es apreciado por programadores, diseñadores y usuarios que buscan control sobre su sistema.
5. **Educación**: Muchas instituciones académicas utilizan Linux para enseñar programación, redes y administración de sistemas.

¿Por Qué Elegir Linux?

Para educadores y profesionales de la enseñanza, Linux ofrece una plataforma ideal por las siguientes razones:

1. **Accesibilidad**: Al ser gratuito, elimina barreras económicas para estudiantes y escuelas.
2. **Herramientas Educativas**: Existen distribuciones específicas, como Edubuntu, diseñadas para entornos de aprendizaje.
3. **Preparación Profesional**: Enseñar Linux equipa a los estudiantes con habilidades demandadas en el mercado laboral.
4. **Exploración Técnica**: Proporciona acceso completo a su núcleo y permite a los estudiantes entender los fundamentos de un sistema operativo.

Mitos Comunes Sobre Linux

1. **"Linux es difícil de usar"**: Aunque algunas distribuciones pueden requerir conocimientos técnicos, muchas, como Ubuntu, tienen interfaces amigables.
2. **"No tiene soporte de software popular"**: Linux cuenta con alternativas a la mayoría de las aplicaciones populares, y muchas herramientas como Google Chrome y Slack son compatibles.
3. **"Linux es solo para programadores"**: Si bien los programadores disfrutan de sus características, Linux es adecuado para usuarios finales y profesionales de diversas áreas.

Futuro de Linux

Con la creciente adopción de tecnologías como la nube, el Internet de las Cosas (IoT) y la inteligencia artificial, el papel de Linux es más relevante que nunca. Su capacidad de adaptarse a nuevas tecnologías y su modelo comunitario aseguran su continua evolución.

1. 1 Historia del Software Libre y Open Source

La historia del software libre y el movimiento Open Source está profundamente ligada al desarrollo de la informática y la evolución de la cultura tecnológica. Este movimiento no solo revolucionó la forma en que se crea y distribuye el software, sino que también promovió valores como la colaboración, la transparencia y la libertad. A continuación, exploraremos sus orígenes, hitos clave y cómo ha impactado a la industria tecnológica y la sociedad.

Orígenes del Software Libre

El concepto de software libre surge en los primeros días de la informática, cuando la idea de compartir código era una práctica común entre los desarrolladores:

1. **La Era de los Mainframes (Décadas de 1950 y 1960)**
   - En los primeros días de la computación, el hardware era la pieza central de la industria, y el software era considerado un accesorio secundario. Los fabricantes de computadoras, como IBM, distribuían software junto con sus máquinas sin restricciones significativas.
   - Los programadores intercambiaban código abiertamente en comunidades académicas y de investigación. Esto fomentó una cultura de colaboración y aprendizaje mutuo.
2. **Inicio de las Restricciones (Década de 1970)**
   - Con el tiempo, las empresas comenzaron a ver el software como un producto comercializable. Comenzaron a implementar licencias restrictivas que limitaban el acceso al código fuente y prohibían su modificación o redistribución.
   - Un ejemplo notable es el caso de AT&T con su sistema operativo **UNIX**, que pasó de ser distribuido libremente a ser licenciado bajo términos estrictos.

La Fundación del Movimiento de Software Libre

El movimiento del software libre como lo conocemos hoy comenzó en la década de 1980, liderado por **Richard Stallman**, un programador del laboratorio de inteligencia artificial del MIT:

1. **La Frustración de Stallman**
   - Stallman enfrentó limitaciones cuando trató de modificar el software de una impresora Xerox en su laboratorio. Las restricciones impuestas por el fabricante lo llevaron a cuestionar las prácticas de la industria del software.
   - Argumentó que estas restricciones eran contrarias al espíritu de colaboración que había predominado en la comunidad informática.
2. **La Creación del Proyecto GNU (1983)**
   - En 1983, Stallman lanzó el **Proyecto GNU**, con el objetivo de crear un sistema operativo completo y libre, similar a UNIX.
   - GNU es un acrónimo recursivo que significa "GNU's Not Unix" (GNU no es UNIX). El proyecto se centró en proporcionar herramientas de software libre que pudieran reemplazar las herramientas propietarias de UNIX.
   - Stallman también escribió el **Manifiesto GNU**, un documento que estableció los principios filosóficos del movimiento del software libre.
3. **La Fundación para el Software Libre (FSF, 1985)**
   - Stallman fundó la **Free Software Foundation (FSF)** para apoyar el desarrollo del software libre y proporcionar una estructura legal y organizativa para el movimiento.
   - La FSF desarrolló la **Licencia Pública General (GPL)**, una licencia diseñada para garantizar que el software y sus derivados permanezcan libres para todos los usuarios. La GPL introdujo el concepto de "copyleft", que obliga a quienes distribuyen software basado en código GPL a hacerlo bajo los mismos términos.

Filosofía del Software Libre

El software libre, según la definición de la FSF, debe cumplir con las "cuatro libertades esenciales":

1. **Libertad de uso**: Los usuarios tienen el derecho de ejecutar el software para cualquier propósito.
2. **Libertad de estudio**: Los usuarios pueden examinar cómo funciona el software y modificarlo para adaptarlo a sus necesidades (requiere acceso al código fuente).
3. **Libertad de redistribución**: Los usuarios pueden compartir copias del software con otros.
4. **Libertad de mejora**: Los usuarios pueden mejorar el software y distribuir las mejoras al público.

El Movimiento Open Source

A finales de la década de 1990, algunos miembros de la comunidad de software libre propusieron un enfoque diferente para promocionar el desarrollo colaborativo. Nació el término **Open Source**, con el objetivo de hacer el movimiento más accesible para el sector empresarial:

1. **El Surgimiento del Open Source Initiative (OSI, 1998)**
   - La OSI fue fundada por Eric Raymond y Bruce Perens, quienes promovieron el uso del término "Open Source" como una alternativa más neutral y amigable para las empresas que "software libre".
   - Aunque Open Source y software libre comparten principios fundamentales, el enfoque del Open Source está más centrado en los beneficios prácticos, como la calidad del código y la innovación, en lugar de los ideales filosóficos.
2. **La Difusión del Open Source**
   - Empresas como IBM, Red Hat y Sun Microsystems comenzaron a adoptar modelos de negocio basados en Open Source.
   - Ejemplos destacados incluyen el lanzamiento de **Netscape Navigator** como código abierto, que eventualmente se convirtió en el navegador Mozilla Firefox.

Hitos Clave en la Historia del Software Libre y Open Source

1. **Nacimiento de Linux (1991)**

- En 1991, **Linus Torvalds**, un estudiante finlandés, lanzó el núcleo Linux bajo una licencia similar a la GPL. Linux se combinó con las herramientas del proyecto GNU para formar el sistema operativo GNU/Linux.
- Este fue un momento decisivo, ya que proporcionó un sistema operativo completo y libre para desarrolladores y usuarios.

2. **Apache HTTP Server (1995)**
   - El servidor web Apache, un proyecto Open Source, se convirtió rápidamente en uno de los servidores web más populares, impulsando la adopción de tecnologías Open Source en internet.
3. **Adopción Corporativa (Décadas de 2000 y 2010)**
   - Empresas como Google, Amazon y Facebook basaron gran parte de su infraestructura en software libre y Open Source.
   - Proyectos como Kubernetes, Hadoop y TensorFlow, desarrollados y liberados como Open Source, han transformado sectores como la nube y la inteligencia artificial.
4. **GitHub y la Era de la Colaboración (2008)**
   - La plataforma GitHub permitió a los desarrolladores colaborar fácilmente en proyectos Open Source, fomentando una explosión de innovación y participación comunitaria.

Impacto del Software Libre y Open Source

1. **Económico**: Los modelos de negocio basados en servicios, soporte y personalización de software libre han creado una industria multimillonaria.
2. **Social**: Ha democratizado el acceso a la tecnología, permitiendo que personas de todo el mundo participen en su desarrollo y uso.
3. **Educativo**: El software libre ha permitido a estudiantes y educadores acceder a herramientas de alta calidad sin costos prohibitivos.
4. **Innovación**: La transparencia y la colaboración inherentes al software libre han acelerado el ritmo de la innovación tecnológica.

1.2. Diferencias entre Linux y Otros Sistemas Operativos

Linux, como sistema operativo, destaca por características únicas que lo diferencian de sistemas como **Windows** y **macOS**, que dominan el mercado de consumo. Estas diferencias abarcan su filosofía, arquitectura, licencias, personalización, y casos de uso. Comprender estas distinciones es esencial para aprovechar todo el potencial de Linux y decidir cuándo y dónde implementarlo.

1.2.1. Filosofía y Modelo de Desarrollo

1. **Linux: Software Libre y de Código Abierto**

- Linux es desarrollado bajo los principios del **software libre** y **Open Source**. Su código fuente está disponible públicamente, lo que permite a cualquiera estudiarlo, modificarlo y redistribuirlo. Esto fomenta una cultura de transparencia y colaboración.
- La comunidad global contribuye activamente al desarrollo de Linux, desde grandes empresas como Red Hat y Canonical hasta programadores individuales.

2. **Windows: Software Propietario**
   - Microsoft Windows es un software propietario. Su código fuente está cerrado y controlado únicamente por Microsoft. Los usuarios no pueden modificarlo legalmente ni redistribuirlo.
   - Aunque Windows se actualiza regularmente, las decisiones de desarrollo están centralizadas, lo que puede limitar la personalización y la respuesta a necesidades específicas.

3. **macOS: Ecosistema Cerrado**
   - Apple también adopta un enfoque cerrado con macOS, integrándolo estrechamente con su hardware. Si bien se basa en el núcleo Unix (al igual que Linux), su código está cerrado, y la personalización es limitada.
   - La experiencia del usuario está altamente controlada, enfocándose en la simplicidad y la consistencia.

1.2.2. Arquitectura del Sistema Operativo

1. **Linux: Modularidad y Flexibilidad**
   - Linux tiene una arquitectura modular. Esto significa que los componentes del sistema, como el kernel, los controladores, y las herramientas de usuario, están separados y pueden personalizarse o reemplazarse.
   - Los usuarios pueden elegir entre diferentes entornos de escritorio (GNOME, KDE, XFCE, etc.) o incluso trabajar directamente desde la línea de comandos.
   - Su sistema de archivos es jerárquico y estandarizado, basado en el estándar **Filesystem Hierarchy Standard (FHS)**.

2. **Windows: Integración Limitada**
   - Windows utiliza un enfoque más integrado, donde muchos componentes están interdependientes. Por ejemplo, el registro del sistema centraliza configuraciones, lo que simplifica la administración pero lo hace más vulnerable a errores.
   - Windows utiliza su propio sistema de archivos (NTFS) y una jerarquía de directorios menos estandarizada en comparación con Linux.

3. **macOS: Diseño Monolítico**
   - macOS utiliza una arquitectura basada en **Darwin**, que combina el kernel Mach y elementos de BSD. Aunque modular hasta cierto punto, Apple controla estrictamente qué componentes pueden ser modificados.
   - Su sistema de archivos más reciente, **APFS**, está optimizado para el hardware de Apple, como discos SSD.

1.2.3. Licencias y Costos

1. **Linux: Gratuito y con Licencias Abiertas**
   - Linux se distribuye bajo licencias como la **GNU General Public License (GPL)**, que garantiza que el software permanezca libre. Esto permite a los usuarios copiar, distribuir y modificar Linux sin costo alguno.
   - Aunque existen distribuciones comerciales como **Red Hat Enterprise Linux (RHEL)**, estas cobran por soporte y servicios, no por el software en sí.
2. **Windows: Modelo Comercial**
   - Microsoft cobra licencias por el uso de Windows, que varían según la versión y el mercado (hogar, empresa, etc.).
   - Aunque existen versiones gratuitas para estudiantes y organizaciones, el acceso al código fuente está restringido.
3. **macOS: Incluido con el Hardware**
   - Apple no vende macOS por separado; viene incluido con el hardware. Su modelo de negocio se basa en la venta de dispositivos más que en el software.

1.2.4. Personalización y Flexibilidad

1. **Linux: Altamente Personalizable**
   - Los usuarios de Linux tienen control total sobre su experiencia. Pueden elegir entre miles de distribuciones, personalizar su entorno de escritorio, modificar configuraciones avanzadas y construir sistemas operativos a medida.
   - Esto lo hace ideal para servidores, dispositivos embebidos y usuarios avanzados.
2. **Windows: Opciones Limitadas**
   - Aunque Windows permite personalizar ciertas características, como el fondo de pantalla o temas, la mayoría de las configuraciones avanzadas están restringidas.
   - La flexibilidad es menor debido a la dependencia de componentes cerrados.
3. **macOS: Experiencia Controlada**
   - Apple ofrece una experiencia predeterminada optimizada para sus dispositivos, con opciones limitadas de personalización. Esto asegura un rendimiento constante, pero reduce la libertad del usuario.

1.2.5. Seguridad

1. **Linux: Seguridad por Diseño**
   - La arquitectura multiusuario de Linux y su filosofía de permisos estrictos lo hacen intrínsecamente más seguro.
   - Los usuarios normales no tienen acceso directo a archivos críticos del sistema, lo que reduce el impacto de malware.
   - Además, la comunidad global revisa constantemente el código, identificando y corrigiendo vulnerabilidades rápidamente.
2. **Windows: Vulnerable pero Mejorando**

- Windows ha sido históricamente un objetivo principal de malware debido a su popularidad. Aunque ha mejorado significativamente con herramientas como Windows Defender, sigue siendo más vulnerable que Linux.
- La integración de software de terceros y la configuración predeterminada a menudo facilitan la explotación de fallos de seguridad.

3. **macOS: Seguridad Basada en el Ecosistema**
    - Apple controla estrictamente qué software se puede instalar en macOS, reduciendo la posibilidad de ataques. Sin embargo, este enfoque no es infalible y depende en gran medida de la exclusividad del hardware.

1.2.6. Casos de Uso

1. **Linux: Versatilidad y Escalabilidad**
    - **Servidores**: Es el sistema operativo líder para servidores web, bases de datos y computación en la nube (por ejemplo, Amazon Web Services y Google Cloud utilizan Linux en sus infraestructuras).
    - **Desarrollo de Software**: Linux es la plataforma preferida para desarrolladores, con herramientas como Git, Docker y compiladores incluidos de forma nativa.
    - **Educación y Dispositivos Embebidos**: Linux es ampliamente utilizado en entornos educativos y dispositivos como televisores inteligentes y sistemas IoT.
2. **Windows: Dominio en Consumo y Juegos**
    - **Uso Personal**: Windows es el sistema operativo más utilizado en computadoras personales, gracias a su compatibilidad con una amplia gama de hardware y software.
    - **Juegos**: Ofrece la mejor compatibilidad con videojuegos gracias a plataformas como DirectX y el soporte de la mayoría de los fabricantes de hardware.
3. **macOS: Creatividad y Diseño**
    - **Diseño y Producción Multimedia**: macOS es popular entre diseñadores gráficos, editores de video y músicos, gracias a aplicaciones como Final Cut Pro y Logic Pro.
    - **Ecosistema Apple**: Integra perfectamente dispositivos Apple como iPhones y iPads, proporcionando una experiencia unificada.

1.3. ¿Por qué enseñar Linux en el aula?

La enseñanza de Linux en el aula tiene múltiples beneficios, no solo por ser una plataforma tecnológica fundamental, sino también por fomentar habilidades críticas, preparar a los estudiantes para el mercado laboral y promover valores como la colaboración y la ética tecnológica. Esta sección explora en profundidad las razones pedagógicas, técnicas y sociales para integrar Linux en la educación, con ejemplos prácticos de cómo puede transformar el aprendizaje y mejorar las oportunidades de los estudiantes.

1.3.1. Relevancia en el Mundo Actual

1. **Linux como Base de la Infraestructura Tecnológica Global**
   - Linux es el núcleo de muchos sistemas que impulsan la tecnología moderna. Está presente en servidores web, supercomputadoras, dispositivos móviles (como Android), y entornos de nube. Aproximadamente el 90% de los servidores de internet funcionan con distribuciones de Linux como Ubuntu Server, Debian o CentOS.
   - Los estudiantes que aprenden Linux adquieren conocimientos sobre el sistema operativo que impulsa gran parte del mundo digital, brindándoles una ventaja competitiva.
2. **Demanda en el Mercado Laboral**
   - Las habilidades relacionadas con Linux están entre las más solicitadas en el ámbito tecnológico. Según informes de empleabilidad, los profesionales con experiencia en administración de sistemas Linux, seguridad y DevOps tienen mayores probabilidades de obtener empleos bien remunerados.
   - Enseñar Linux en el aula prepara a los estudiantes para carreras en TI, desarrollo de software, ciberseguridad, computación en la nube y más.

1.3.2. Libertad y Accesibilidad

1. **Software Libre y Sin Costo**
   - Linux es gratuito, lo que lo convierte en una opción accesible para instituciones educativas con presupuestos limitados. Las escuelas pueden instalar Linux en laboratorios completos sin incurrir en costos de licencias.
   - Los estudiantes pueden instalar Linux en sus propios dispositivos sin preocuparse por restricciones legales o económicas, lo que facilita la continuidad del aprendizaje fuera del aula.
2. **Acceso a Recursos Globales**
   - La comunidad de Linux ofrece una gran cantidad de recursos gratuitos, incluyendo documentación, foros, tutoriales y herramientas educativas. Estas comunidades fomentan el aprendizaje autodirigido y el intercambio de conocimientos.

1.3.3. Desarrollo de Habilidades Críticas

1. **Pensamiento Crítico y Resolución de Problemas**
   - Linux incentiva a los estudiantes a comprender cómo funcionan los sistemas operativos desde dentro. A diferencia de los sistemas propietarios que ocultan detalles técnicos, Linux permite explorar y modificar componentes esenciales.
   - Este enfoque fomenta el pensamiento crítico, ya que los estudiantes deben investigar y solucionar problemas técnicos por su cuenta.
2. **Habilidades Técnicas Avanzadas**

- Aprender Linux introduce a los estudiantes a conceptos técnicos fundamentales, como la administración del sistema, scripting, permisos de usuario, redes y seguridad.
- Estas habilidades forman una base sólida para estudios avanzados en TI y desarrollo de software.

1.3.4. Promoción de Valores Éticos y Sociales

1. **Ética Tecnológica y el Movimiento del Software Libre**
   - Enseñar Linux en el aula introduce a los estudiantes al movimiento del software libre, promoviendo valores como la transparencia, la colaboración y la libertad tecnológica.
   - Los estudiantes aprenden sobre la importancia de compartir el conocimiento y cómo el acceso abierto puede impulsar la innovación.
2. **Colaboración y Trabajo en Comunidad**
   - Linux está respaldado por una comunidad global de desarrolladores. Los estudiantes que trabajan con Linux tienen la oportunidad de participar en proyectos Open Source, colaborando con otros para resolver problemas y mejorar herramientas existentes.

1.3.5. Flexibilidad y Personalización en la Enseñanza

1. **Adaptable a Diferentes Niveles de Habilidad**
   - Linux es adecuado para todos los niveles de enseñanza, desde principiantes que aprenden comandos básicos hasta estudiantes avanzados que implementan servidores y scripts complejos.
   - Las distribuciones como Ubuntu y Fedora son amigables para principiantes, mientras que Arch Linux o Debian permiten una personalización más profunda para usuarios avanzados.
2. **Herramientas Educativas y Proyectos Reales**
   - Linux incluye herramientas que son perfectas para la enseñanza, como terminales de línea de comandos, entornos de programación (Python, C, Java), y servidores web (Apache, Nginx).
   - Los estudiantes pueden participar en proyectos prácticos, como configurar un servidor web, desarrollar scripts para automatización o implementar redes virtuales.

1.3.6. Preparación para un Futuro Tecnológico

1. **Ciberseguridad y Redes**
   - Linux es una plataforma clave para aprender ciberseguridad. Herramientas como Kali Linux ofrecen entornos diseñados específicamente para enseñar técnicas de pruebas de penetración y seguridad de sistemas.

- Aprender sobre redes en Linux, utilizando utilidades como Netcat, TCPDump y Wireshark, prepara a los estudiantes para abordar desafíos en la era digital.
2. **Computación en la Nube y Virtualización**
    - La mayoría de las plataformas de computación en la nube, como AWS, Google Cloud y Azure, se ejecutan sobre sistemas basados en Linux. Aprender Linux en el aula proporciona a los estudiantes una ventaja significativa en este campo.
    - Además, las herramientas de virtualización como VirtualBox y contenedores como Docker están profundamente integradas con Linux, brindando una base sólida para el aprendizaje de infraestructuras modernas.

1.3.7. Casos Prácticos y Ejemplos en el Aula

1. **Configuración de un Servidor Local**
    - Los estudiantes pueden aprender a instalar y configurar un servidor web local con Apache o Nginx. Este ejercicio enseña administración de sistemas, redes y configuración de software.
2. **Creación de Scripts Bash**
    - La programación de scripts en Bash introduce a los estudiantes a la automatización, una habilidad clave en la administración de sistemas y DevOps.
3. **Simulación de Redes**
    - Utilizando herramientas como GNS3 o entornos virtualizados, los estudiantes pueden diseñar y simular redes, aprendiendo sobre conectividad, protocolos y resolución de problemas.
4. **Contribución a Proyectos Open Source**
    - Los estudiantes pueden participar en proyectos de código abierto, desarrollando habilidades de colaboración y entendiendo cómo funciona el desarrollo de software en equipo.

1.3.8. Impacto Social y Profesional

1. **Reducción de la Brecha Digital**
    - Linux proporciona una plataforma accesible para estudiantes en regiones con recursos limitados. Al eliminar los costos de licencias, las instituciones pueden equipar a más estudiantes con herramientas tecnológicas modernas.
2. **Formación en Sostenibilidad Digital**
    - El uso de Linux enseña a los estudiantes sobre sostenibilidad tecnológica, ya que muchas distribuciones están optimizadas para funcionar en hardware más antiguo, reduciendo la necesidad de actualizaciones costosas.
3. **Impulso a Carreras Tecnológicas**
    - Los estudiantes que aprenden Linux están mejor preparados para roles en TI, administración de sistemas, desarrollo de software y ciberseguridad, donde las habilidades de Linux son muy valoradas.

2. Filosofía de Linux

La filosofía de Linux va más allá de ser simplemente un conjunto de principios técnicos; es una ideología que abarca la colaboración, la libertad, la transparencia y el empoderamiento tecnológico. Desde sus orígenes, Linux se ha desarrollado bajo influencias culturales y filosóficas que han transformado no solo la manera en que se crea el software, sino también cómo se comparte, utiliza y percibe. Entender la filosofía de Linux implica explorar conceptos clave como el **software libre**, el **modelo Open Source**, y los valores que guían su desarrollo y adopción.

1. Los Principios Fundamentales de Linux

La filosofía de Linux está profundamente arraigada en cuatro principios clave que lo distinguen de otros sistemas operativos:

1. **Libertad Tecnológica**
   - La idea central detrás de Linux es la libertad. Esto significa que cualquier persona puede descargar, usar, estudiar, modificar y redistribuir el sistema operativo sin restricciones.
   - Este concepto contrasta con los sistemas operativos propietarios, donde el usuario está limitado por licencias y acuerdos que prohíben el acceso al código fuente.
2. **Transparencia**
   - Linux es un sistema de código abierto, lo que significa que todo su código fuente está disponible para ser estudiado. Esto no solo fomenta la confianza al eliminar secretos técnicos, sino que también permite que la comunidad global revise y mejore el sistema.
   - La transparencia reduce los riesgos de vulnerabilidades y garantiza que no existan "puertas traseras" en el software.
3. **Colaboración Global**
   - Desde sus inicios, Linux ha sido desarrollado por una comunidad internacional de voluntarios, empresas y expertos. Este enfoque comunitario asegura que las contribuciones provengan de múltiples perspectivas, mejorando la calidad y adaptabilidad del software.
   - La colaboración global también refleja un ideal de inclusión y participación universal.
4. **Optimización y Minimalismo**
   - Inspirado en las filosofías de diseño de UNIX, Linux se basa en hacer "una cosa y hacerla bien". Las herramientas y componentes del sistema están diseñados para ser eficientes, modulares y compatibles entre sí.
   - Este enfoque garantiza que Linux sea robusto y flexible, adecuado para una amplia gama de aplicaciones.

2. Influencias Filosóficas y Culturales

1. **El Movimiento del Software Libre**
   - La filosofía de Linux está profundamente influenciada por el trabajo de **Richard Stallman** y la **Free Software Foundation (FSF)**. Stallman propuso las "cuatro libertades del software", que son:
     1. La libertad de ejecutar el programa para cualquier propósito.
     2. La libertad de estudiar cómo funciona el programa y modificarlo.
     3. La libertad de redistribuir copias.
     4. La libertad de distribuir versiones modificadas.
   - Linux encarna estos principios al proporcionar un sistema operativo que es completamente libre y adaptable.
2. **El Modelo Open Source**
   - Mientras que el software libre enfatiza la libertad y la ética, el modelo Open Source se enfoca en los beneficios prácticos de abrir el código. **Eric Raymond**, en su ensayo *La Catedral y el Bazar*, describió cómo el desarrollo colaborativo en comunidad puede producir software de alta calidad.
   - Linux combina ambas perspectivas, atrayendo tanto a idealistas como a pragmáticos.
3. **El Espíritu Hacker**
   - Linux refleja el espíritu hacker en su mejor sentido, entendiendo "hacker" como alguien apasionado por la resolución de problemas y la creación de tecnología innovadora.
   - Este espíritu valora el aprendizaje, la experimentación y la capacidad de entender cómo funcionan los sistemas desde adentro.

3. Componentes de la Filosofía de Linux

1. **El Poder de la Comunidad**
   - La filosofía de Linux celebra la importancia de la colaboración comunitaria. Su desarrollo no está centralizado en una única empresa, sino que depende de contribuciones de millones de personas en todo el mundo.
   - Esto asegura que Linux evolucione constantemente y refleje las necesidades de una base de usuarios diversa.
2. **Descentralización del Control**
   - A diferencia de sistemas como Windows o macOS, donde el control recae en una empresa específica, Linux está desarrollado por múltiples partes interesadas.
   - Este modelo descentralizado protege a Linux de influencias monopólicas y permite su adaptación a contextos específicos, como distribuciones para educación, servidores o dispositivos embebidos.
3. **Adaptabilidad y Escalabilidad**
   - Linux puede ser adaptado para cualquier propósito, desde servidores empresariales hasta dispositivos pequeños como un reloj inteligente. Esto es posible gracias a su diseño modular y la disponibilidad de su código fuente.

4. Beneficios de la Filosofía de Linux

1. **Empoderamiento del Usuario**
   - Los usuarios tienen el control total sobre su sistema operativo. Pueden personalizarlo, modificarlo y usarlo sin restricciones, lo que fomenta la independencia tecnológica.
2. **Innovación Rápida**
   - La apertura y colaboración global aceleran el ritmo de la innovación. Nuevas características y soluciones a problemas se desarrollan más rápidamente en Linux que en sistemas propietarios.
3. **Acceso Universal**
   - La filosofía de Linux elimina barreras económicas. Al ser gratuito, permite que cualquier persona, independientemente de su ubicación o recursos, acceda a tecnología de alta calidad.
4. **Seguridad y Confiabilidad**
   - La transparencia en el desarrollo de Linux reduce la posibilidad de vulnerabilidades y errores. Cualquier miembro de la comunidad puede identificar y corregir problemas, aumentando la seguridad y confiabilidad del sistema.

5. La Filosofía de Linux en la Práctica

1. **Distribuciones Linux**
   - Las distribuciones Linux reflejan la filosofía del sistema al permitir que comunidades y empresas adapten el software a necesidades específicas.
   - Ejemplos:
     - **Ubuntu**: Diseñado para ser amigable para principiantes.
     - **Arch Linux**: Ofrece control total a usuarios avanzados.
     - **Kali Linux**: Optimizado para pruebas de penetración y ciberseguridad.
2. **Proyectos Open Source Relacionados**
   - Muchos proyectos importantes, como Apache, Kubernetes y Docker, comparten la filosofía de Linux y han crecido gracias a la colaboración comunitaria.
3. **Educación y Linux**
   - En entornos educativos, Linux promueve la comprensión profunda de la tecnología y enseña valores de colaboración y ética.

6. Desafíos de la Filosofía de Linux

1. **Barreras de Adopción**
   - Algunos usuarios y organizaciones encuentran complicado adaptarse a la filosofía de Linux debido a la falta de soporte corporativo directo o la curva de aprendizaje asociada.
2. **Fragmentación**
   - La libertad de modificar Linux ha llevado a la creación de cientos de distribuciones. Esto puede causar confusión entre los nuevos usuarios.

3. **Compatibilidad de Software**
    - Aunque ha mejorado significativamente, algunos programas y juegos populares no están disponibles para Linux, lo que limita su adopción en ciertos contextos.

7. El Futuro de la Filosofía de Linux

1. **Expansión Continua**
    - Con el crecimiento de tecnologías como la computación en la nube, la inteligencia artificial y el Internet de las Cosas, la filosofía de Linux seguirá desempeñando un papel crucial.
    - Linux ya domina en servidores y dispositivos embebidos, y su adopción en computadoras personales está creciendo.
2. **Promoción de la Ética Tecnológica**
    - En un mundo donde los problemas de privacidad y control monopólico son cada vez más relevantes, la filosofía de Linux proporciona una alternativa ética y sostenible.

2.1. La Ética del Software Libre Según Richard Stallman

Richard Stallman, programador, filósofo y figura clave en el movimiento del software libre, es conocido por haber desarrollado una ética sólida alrededor del uso, distribución y desarrollo de software. Según Stallman, el software libre no solo es una cuestión técnica o económica, sino también una cuestión moral y ética que afecta los derechos fundamentales de los usuarios. Su visión se basa en el respeto por la libertad individual, la cooperación comunitaria y la oposición al control monopólico ejercido por el software propietario.

Esta sección profundiza en la ética del software libre según Stallman, explorando sus principios, implicaciones, críticas al software propietario y el impacto de sus ideas en la tecnología y la sociedad.

1. Fundamentos Éticos del Software Libre

La ética del software libre según Richard Stallman se centra en garantizar las "cuatro libertades esenciales". Estas libertades son vistas como derechos inalienables de los usuarios, necesarias para proteger su autonomía tecnológica:

1. **Libertad 0: Usar el Programa**

- Los usuarios deben tener la libertad de ejecutar el software para cualquier propósito. Esto incluye usarlo en cualquier contexto, sin restricciones impuestas por licencias o términos de uso.
- Según Stallman, limitar esta libertad es equivalente a restringir el derecho de una persona a usar sus herramientas para sus necesidades.

2. **Libertad 1: Estudiar el Programa**
   - Los usuarios deben tener acceso al código fuente del software para entender cómo funciona. Esto les permite aprender y mejorar su conocimiento técnico.
   - La falta de acceso al código fuente convierte a los usuarios en dependientes de los desarrolladores originales, lo que Stallman considera una forma de opresión tecnológica.

3. **Libertad 2: Redistribuir Copias**
   - Los usuarios deben poder compartir copias del software con otros. Esta libertad fomenta la colaboración y la solidaridad en la comunidad, eliminando barreras artificiales para el acceso a la tecnología.

4. **Libertad 3: Modificar y Redistribuir Versiones Mejoradas**
   - Los usuarios deben tener el derecho de modificar el software y distribuir sus versiones mejoradas. Esto permite la innovación y asegura que el software pueda adaptarse a nuevas necesidades.

2. La Crítica de Stallman al Software Propietario

Stallman es un crítico acérrimo del software propietario, al que considera una forma de explotación y control sobre los usuarios. Según él, este tipo de software viola las libertades básicas de las personas y perpetúa un modelo tecnológico injusto.

1. **Privación de Libertad**
   - El software propietario no permite estudiar, modificar ni compartir el programa, lo que convierte a los usuarios en dependientes de los desarrolladores o empresas que controlan el software.
   - Para Stallman, esto es comparable a una pérdida de soberanía tecnológica, donde los usuarios pierden el control sobre sus propias herramientas.

2. **Prácticas Anticomunitarias**
   - Stallman considera que las restricciones para compartir software van en contra de la naturaleza humana de colaboración. El software propietario a menudo prohíbe compartir, lo que crea barreras artificiales para la cooperación.

3. **Falta de Transparencia**
   - Sin acceso al código fuente, los usuarios no pueden verificar qué hace realmente el software. Esto abre la puerta a prácticas poco éticas, como la inclusión de "puertas traseras" o funciones de vigilancia.

4. **Monopolios y Dependencia**
   - Las empresas de software propietario a menudo imponen licencias restrictivas, aumentan los costos y dificultan la interoperabilidad con otras plataformas, lo que Stallman considera una estrategia para consolidar monopolios.

3. Filosofía del Proyecto GNU y el Manifiesto GNU

En 1983, Stallman lanzó el **Proyecto GNU** con el objetivo de crear un sistema operativo completamente libre, compatible con UNIX. Este proyecto fue una manifestación práctica de su ética del software libre.

1. **El Manifiesto GNU**
   - Publicado en 1985, el *Manifiesto GNU* detalla los principios filosóficos y prácticos del software libre. Argumenta que el software debe ser una herramienta para la libertad, no para la explotación.
   - Stallman explica cómo el software libre fomenta una comunidad de usuarios y desarrolladores que comparten conocimientos y esfuerzos.
2. **Copyleft y la Licencia Pública General (GPL)**
   - Para proteger las libertades del software libre, Stallman desarrolló el concepto de **copyleft**, que utiliza derechos de autor para garantizar que el software y sus derivados permanezcan libres.
   - La **Licencia Pública General (GPL)** es la expresión legal de este concepto. Establece que cualquier software distribuido bajo la GPL debe incluir su código fuente y otorgar las mismas libertades a los usuarios finales.

4. La Ética del Software Libre en la Sociedad

1. **Empoderamiento Individual**
   - La ética del software libre promueve la autodeterminación tecnológica. Al controlar sus herramientas, los usuarios recuperan su autonomía y reducen la dependencia de grandes corporaciones.
2. **Democratización del Conocimiento**
   - El software libre permite el acceso universal a herramientas tecnológicas, eliminando barreras económicas y geográficas. Esto es especialmente relevante en países en desarrollo, donde las licencias de software propietario pueden ser prohibitivamente caras.
3. **Colaboración y Comunidad**
   - La filosofía de Stallman fomenta una cultura de cooperación global, donde los desarrolladores comparten conocimientos y trabajan juntos para resolver problemas.
4. **Resistencia al Abuso Corporativo**
   - Stallman argumenta que el software libre puede proteger a los usuarios de prácticas corporativas dañinas, como la vigilancia masiva y el uso de datos personales sin consentimiento.

5. Críticas y Desafíos

1. **Percepción de Radicalismo**
   - Algunos critican a Stallman por su postura estricta, considerándola poco pragmática en un mundo dominado por el software propietario.

- Por ejemplo, su negativa a usar cualquier software no libre, incluso en dispositivos básicos, es vista por algunos como poco práctica.
2. **Confusión con el Open Source**
    - Aunque el software libre y el Open Source comparten similitudes, Stallman critica el Open Source por enfocarse en ventajas prácticas en lugar de principios éticos.
    - Según Stallman, el Open Source no aborda la cuestión moral de las libertades de los usuarios.
3. **Adopción Limitada en el Consumidor Común**
    - La complejidad percibida del software libre y la falta de aplicaciones equivalentes a las populares herramientas propietarias son barreras para su adopción masiva.

6. Impacto y Legado

La ética del software libre, tal como la plantea Richard Stallman, ha tenido un impacto profundo en la tecnología y la sociedad:

1. **Inspiración para Proyectos Globales**
    - Linux, Firefox, LibreOffice y muchos otros proyectos se han desarrollado siguiendo los principios del software libre.
2. **Movimientos Relacionados**
    - La ética del software libre ha inspirado otros movimientos, como el acceso abierto en la investigación académica y la cultura libre en las artes.
3. **Conciencia sobre la Privacidad y el Control**
    - En un mundo cada vez más dominado por grandes corporaciones tecnológicas, la filosofía de Stallman ha puesto en el centro del debate la necesidad de proteger los derechos de los usuarios.

2.2. Linus Torvalds y el Nacimiento del Kernel

La historia del kernel Linux es una de innovación, comunidad y un cambio revolucionario en la manera de desarrollar software. En el centro de esta historia se encuentra **Linus Torvalds**, un programador finlandés que, a principios de la década de 1990, tomó la decisión aparentemente simple pero profundamente impactante de crear su propio núcleo de sistema operativo. Lo que comenzó como un proyecto personal terminó transformándose en uno de los pilares fundamentales de la informática moderna.

1. El Contexto Previo al Nacimiento del Kernel Linux

1. **Los Sistemas UNIX**
    - En las décadas de 1970 y 1980, UNIX era el estándar para sistemas operativos avanzados, especialmente en entornos académicos y empresariales. Sin embargo, su código estaba protegido por licencias restrictivas, lo que limitaba su acceso y uso.
    - Varios derivados de UNIX, como BSD, comenzaron a surgir, pero enfrentaron desafíos legales debido a disputas sobre derechos de autor con AT&T, la empresa propietaria de UNIX.
2. **MINIX: Un Sistema Operativo Educativo**
    - **Andrew S. Tanenbaum**, un profesor de informática, creó **MINIX** en 1987 como una versión simplificada de UNIX diseñada para enseñar los principios de los sistemas operativos.
    - Aunque MINIX era útil para la educación, tenía limitaciones significativas: su rendimiento era básico y sus términos de licencia restringían su uso para fines no educativos, lo que frustró a los entusiastas y programadores que deseaban construir sistemas reales a partir de él.
3. **Linus Torvalds: Un Estudiante Apasionado**
    - Linus Torvalds, en ese momento un estudiante de la Universidad de Helsinki, se interesó profundamente en los sistemas operativos mientras estudiaba informática. Usaba MINIX como base de aprendizaje, pero pronto se dio cuenta de sus limitaciones.

2. El Inicio del Proyecto Linux

1. **La Decisión de Crear un Kernel**
    - Motivado por su interés en los sistemas operativos y frustrado por las restricciones de MINIX, Linus decidió emprender la ambiciosa tarea de escribir su propio núcleo (kernel).
    - Su intención inicial no era crear un sistema operativo completo, sino más bien un kernel funcional que pudiera utilizar en su computadora personal para tareas específicas.
2. **El Primer Anuncio Público (1991)**
    - El 25 de agosto de 1991, Linus envió un mensaje al grupo de noticias *comp.os.minix* con el siguiente texto histórico:

      "Estoy haciendo un sistema operativo (gratis) solo como un hobby, no será grande ni profesional como GNU para 386(486) AT clones. Solo hace un par de meses que lo empecé y está casi listo."

    - Este mensaje marcó el nacimiento oficial del proyecto Linux y atrajo la atención de programadores curiosos que querían contribuir.
3. **Las Primeras Versiones**
    - La versión inicial del kernel Linux (0.01) fue publicada en septiembre de 1991 y contenía alrededor de 10,000 líneas de código.
    - Esta primera versión apenas era funcional, pero sentó las bases de lo que sería un proyecto comunitario global.

3. Características Iniciales del Kernel Linux

1. **Inspiración en UNIX y MINIX**
   - Linux adoptó muchos conceptos de UNIX, como el diseño modular, el sistema de archivos jerárquico y la filosofía de "hacer una cosa y hacerla bien".
   - Sin embargo, se distinguió de MINIX al enfocarse en el rendimiento y al ofrecer un kernel monolítico, que integraba todas las funciones esenciales en un solo programa.
2. **Compatibilidad con Hardware**
   - Una de las primeras metas de Linus fue garantizar que Linux pudiera ejecutarse en hardware común, específicamente en las computadoras personales con procesadores Intel 386.
3. **Licencia de Software**
   - Inicialmente, Linux se distribuyó con una licencia restrictiva. Sin embargo, en 1992, Linus adoptó la **Licencia Pública General (GPL)** de GNU, lo que permitió que el kernel se integrara con las herramientas desarrolladas por el Proyecto GNU para crear un sistema operativo completo: GNU/Linux.

4. El Crecimiento de Linux como Proyecto Comunitario

1. **La Comunidad de Desarrolladores**
   - Desde el principio, Linus Torvalds abrió el desarrollo del kernel a la comunidad, aceptando contribuciones de otros programadores. Este modelo colaborativo se convirtió en una de las fortalezas principales de Linux.
   - La comunidad no solo ayudó a mejorar el kernel, sino que también desarrolló herramientas, controladores y distribuciones completas.
2. **Distribuciones Linux**
   - El kernel Linux es el corazón de las distribuciones Linux, que comenzaron a surgir en los años 90. Estas distribuciones combinaban el kernel con software GNU y otras herramientas.
   - Ejemplos tempranos incluyen **Slackware** y **Debian**, mientras que distribuciones populares modernas como **Ubuntu**, **Fedora** y **Arch Linux** tienen sus raíces en estos primeros esfuerzos.
3. **El Rol de Empresas y Organizaciones**
   - Empresas como **Red Hat** y **SUSE** adoptaron Linux y comenzaron a ofrecer servicios y soporte comercial, contribuyendo al crecimiento del ecosistema.

5. Filosofía de Linus Torvalds y el Desarrollo del Kernel

1. **El Modelo de Desarrollo Abierto**

- Linus implementó un modelo descentralizado de desarrollo, donde los contribuyentes globales envían parches y mejoras al kernel. Él y un grupo de mantenedores principales revisan y aprueban estas contribuciones.
- Este modelo permitió un desarrollo rápido y una mejora continua del kernel.
2. **La Regla de Oro de Linus**
    - Una de las máximas de Linus es que "el código siempre gana". Esto significa que las decisiones se basan en la calidad del código, no en la jerarquía o política dentro de la comunidad.
3. **El Sistema de Control de Versiones Git**
    - En 2005, Linus desarrolló **Git**, un sistema de control de versiones distribuido para gestionar el desarrollo del kernel Linux. Hoy en día, Git es una herramienta esencial en el desarrollo de software en general.

6. Impacto del Kernel Linux

1. **Dominio en Servidores y Supercomputadoras**
    - Linux se convirtió rápidamente en el sistema operativo preferido para servidores debido a su estabilidad, seguridad y eficiencia. Más del 90% de los servidores de internet funcionan con Linux.
    - En el ámbito de las supercomputadoras, Linux es el sistema operativo utilizado en el 100% de los equipos más potentes del mundo.
2. **Computación en la Nube y Contenedores**
    - Linux es la base de tecnologías modernas como contenedores (**Docker** y **Kubernetes**) y servicios de computación en la nube ofrecidos por Amazon, Google y Microsoft.
3. **Adopción en Dispositivos Embebidos y Móviles**
    - Gracias a su flexibilidad, Linux se utiliza en dispositivos embebidos como televisores inteligentes, routers y dispositivos IoT.
    - El sistema operativo Android, basado en el kernel Linux, domina el mercado global de teléfonos inteligentes.

7. El Legado de Linus Torvalds

1. **El Líder Silencioso**
    - Aunque Linus sigue siendo la figura central en el desarrollo del kernel, ha delegado muchas responsabilidades a mantenedores de confianza.
    - Su enfoque pragmático y su compromiso con la calidad del código han ayudado a mantener el éxito continuo del proyecto.
2. **Reconocimiento Global**
    - Linus ha recibido numerosos premios y reconocimientos, incluidos el Premio Millennium Technology y el ingreso al Salón de la Fama de Internet.
3. **Inspiración para la Comunidad Open Source**
    - Su trabajo ha demostrado que el modelo de desarrollo Open Source no solo es viable, sino también capaz de superar a los enfoques tradicionales.

2.3. Beneficios para Educadores y Estudiantes

El uso de **Linux** en entornos educativos proporciona una amplia gama de beneficios tanto para los educadores como para los estudiantes. Más allá de ser un sistema operativo gratuito y accesible, Linux fomenta el aprendizaje práctico, promueve la innovación, y prepara a los estudiantes para un mercado laboral competitivo. Al mismo tiempo, empodera a los educadores con herramientas flexibles y adaptables para personalizar la enseñanza y maximizar los recursos disponibles.

A continuación, exploraremos cómo Linux beneficia a los educadores y estudiantes, analizando su impacto en el aprendizaje, la accesibilidad, el desarrollo de habilidades técnicas y los valores éticos que fomenta.

1. Beneficios para Educadores

1. **Accesibilidad y Reducción de Costos**
   - **Software Gratuito**: Linux se distribuye bajo licencias de software libre, lo que elimina los costos asociados con licencias de software propietario como Windows o macOS. Esto permite a las instituciones educativas destinar más recursos a otras áreas críticas.
   - **Reutilización de Hardware Antiguo**: Las distribuciones ligeras de Linux, como **Lubuntu** o **Puppy Linux**, pueden revitalizar computadoras antiguas, prolongando su vida útil. Esto es especialmente útil en instituciones con presupuestos limitados.
2. **Flexibilidad y Personalización**
   - **Adaptación al Currículo**: Los educadores pueden personalizar las instalaciones de Linux según las necesidades de su curso. Por ejemplo, pueden configurar laboratorios específicos para programación, redes o seguridad informática.
   - **Entornos de Trabajo Específicos**: Linux permite crear entornos personalizados con herramientas educativas preconfiguradas, como **Moodle** para gestión del aprendizaje o entornos integrados para lenguajes de programación (Python, Java, etc.).
3. **Fomento de Métodos Activos de Enseñanza**
   - **Aprendizaje Basado en Proyectos**: Linux proporciona un entorno ideal para el aprendizaje basado en proyectos. Los educadores pueden asignar actividades como la configuración de servidores, la automatización de tareas con scripts Bash, o la creación de redes virtuales.
   - **Acceso a Herramientas de Código Abierto**: Herramientas como GIMP (edición de imágenes), LibreOffice (ofimática) y Audacity (edición de audio) permiten a los educadores enseñar habilidades técnicas utilizando software accesible y gratuito.
4. **Apoyo a la Colaboración y la Comunidad**

- **Recursos Abundantes**: La comunidad de Linux ofrece una gran cantidad de documentación, tutoriales y foros de soporte gratuitos. Esto permite a los educadores encontrar soluciones rápidas y aprender continuamente.
- **Colaboración Global**: Los educadores pueden conectar a sus estudiantes con proyectos Open Source en los que colaboran personas de todo el mundo, fomentando una experiencia educativa global.

2. Beneficios para Estudiantes

1. **Acceso Igualitario a la Tecnología**
   - **Inclusión Digital**: Linux es gratuito y accesible, lo que lo convierte en una herramienta clave para estudiantes de todos los niveles socioeconómicos. Esto ayuda a cerrar la brecha digital y garantiza que más estudiantes tengan acceso a la tecnología.
   - **Uso Continuo**: Los estudiantes pueden instalar Linux en sus propias computadoras sin costos adicionales, facilitando el aprendizaje autónomo fuera del aula.
2. **Desarrollo de Habilidades Técnicas Críticas**
   - **Introducción al Sistema Operativo**: Linux permite a los estudiantes comprender cómo funcionan los sistemas operativos, desde la gestión de procesos y memoria hasta la interacción con el hardware.
   - **Competencias en Línea de Comandos**: A través de la terminal de Linux, los estudiantes adquieren habilidades esenciales para la administración de sistemas, el desarrollo de software y el análisis de datos.
   - **Seguridad Informática y Redes**: Linux es la base para aprender conceptos avanzados de redes y ciberseguridad. Distribuciones como **Kali Linux** permiten a los estudiantes practicar pruebas de penetración y técnicas de protección de sistemas.
3. **Preparación para el Mercado Laboral**
   - **Alta Demanda de Habilidades de Linux**: Las habilidades relacionadas con Linux están altamente valoradas en la industria tecnológica. Los estudiantes que aprenden Linux tienen una ventaja significativa para roles en TI, DevOps, administración de sistemas, desarrollo de software y computación en la nube.
   - **Uso Profesional de Herramientas Open Source**: Linux incluye aplicaciones profesionales ampliamente utilizadas, como Git (control de versiones), Docker (contenedores) y Apache (servidores web).
4. **Fomento del Pensamiento Crítico y la Resolución de Problemas**
   - **Exploración Profunda**: Al tener acceso al código fuente y las configuraciones del sistema, los estudiantes pueden investigar y aprender cómo funciona el software en profundidad.
   - **Resolución de Problemas Técnicos**: Linux desafía a los estudiantes a diagnosticar y resolver problemas técnicos, habilidades esenciales en cualquier carrera tecnológica.
5. **Participación en la Comunidad Open Source**
   - **Colaboración en Proyectos Reales**: Los estudiantes pueden contribuir a proyectos Open Source, ganando experiencia práctica y construyendo un portafolio que demuestra sus habilidades.

- **Fomento de Valores Éticos**: Trabajar con Linux introduce a los estudiantes a la filosofía del software libre, fomentando valores como la cooperación, la transparencia y la libertad tecnológica.

3. Beneficios Comunes para Educadores y Estudiantes

1. **Innovación y Creatividad**
    - Linux permite experimentar con tecnologías avanzadas, como inteligencia artificial, computación en la nube e Internet de las Cosas (IoT). Esto inspira tanto a educadores como a estudiantes a explorar nuevos horizontes.
    - Las herramientas Open Source en Linux permiten personalizar y crear soluciones a problemas específicos, fomentando la creatividad técnica.
2. **Sostenibilidad y Ética Tecnológica**
    - Linux promueve un modelo sostenible al reutilizar hardware antiguo y evitar la dependencia de soluciones propietarias costosas. Esto refuerza valores de sostenibilidad y responsabilidad tecnológica.
    - La filosofía del software libre enseña a valorar la transparencia y la libertad en la tecnología, promoviendo una conciencia ética en el uso del software.
3. **Entornos Seguros y Estables**
    - Linux es conocido por su robustez y seguridad. Esto garantiza un entorno de aprendizaje confiable, donde los estudiantes pueden experimentar sin riesgos significativos de fallos o vulnerabilidades críticas.
    - Las actualizaciones de software en Linux son gestionadas de manera transparente, permitiendo a los usuarios comprender y decidir cómo afectan a su sistema.

4. Ejemplos Prácticos de Uso en el Aula

1. **Configuración de un Servidor Web**
    - Los estudiantes pueden aprender a instalar y configurar un servidor Apache o Nginx en Linux, entendiendo conceptos clave de redes, seguridad y administración de sistemas.
2. **Desarrollo de Scripts para Automatización**
    - Los educadores pueden enseñar scripting en Bash para automatizar tareas repetitivas, introduciendo a los estudiantes al mundo de la programación de sistemas.
3. **Simulación de Redes**
    - Con herramientas como GNS3 o Wireshark, los estudiantes pueden diseñar y analizar redes utilizando Linux, adquiriendo experiencia práctica en un entorno seguro.
4. **Proyectos Colaborativos Open Source**
    - Los estudiantes pueden participar en proyectos reales, aprendiendo cómo funciona el desarrollo de software en equipo y contribuyendo a herramientas utilizadas por millones de personas.

5. Impacto en el Futuro Educativo y Profesional

1. **Adaptabilidad a Nuevas Tecnologías**
   - Linux equipa a los estudiantes con habilidades transferibles, preparándolos para adaptarse rápidamente a nuevas tecnologías y entornos laborales.
2. **Construcción de una Comunidad Educativa Global**
   - Linux conecta a educadores y estudiantes con una comunidad global de usuarios y desarrolladores, promoviendo el intercambio de ideas y soluciones.
3. **Preparación para un Mundo Tecnológico**
   - Dado que Linux impulsa gran parte de la infraestructura tecnológica global, su enseñanza garantiza que los estudiantes estén listos para contribuir de manera significativa en un mundo digital.

3. Preparando el Entorno de Aprendizaje para Enseñar Linux

Preparar un entorno de aprendizaje adecuado para enseñar Linux es un paso crucial para garantizar una experiencia educativa efectiva y enriquecedora. Este proceso implica seleccionar las herramientas adecuadas, configurar el hardware y software necesarios, y crear un ambiente que fomente la exploración, la práctica y la colaboración. A continuación, exploraremos en detalle los pasos clave para preparar un entorno óptimo para la enseñanza de Linux.

1. Planificación Inicial

Antes de comenzar con la configuración técnica, es importante realizar una planificación detallada que considere los objetivos educativos, las necesidades de los estudiantes y las capacidades del hardware disponible.

1. **Definir Objetivos del Curso**
   - Determinar los temas y habilidades que se desean enseñar, como:
     - Comandos básicos del terminal.
     - Administración de sistemas.
     - Redes y seguridad.
     - Desarrollo de software en Linux.
   - Identificar los niveles de conocimiento de los estudiantes para ajustar el contenido y las herramientas.
2. **Evaluación del Hardware Disponible**
   - Verificar el hardware existente en el aula para asegurarse de que sea compatible con Linux.

- Computadoras más antiguas pueden ser revitalizadas con distribuciones ligeras como **Lubuntu** o **Xubuntu**.
- Para equipos más modernos, distribuciones completas como **Ubuntu**, **Fedora** o **Linux Mint** son excelentes opciones.

3. **Elección de la Distribución Linux**
   - Seleccionar una distribución adecuada a los objetivos del curso:
     - **Ubuntu**: Fácil de usar, ideal para principiantes.
     - **Debian**: Estabilidad y robustez, ideal para cursos avanzados.
     - **Kali Linux**: Enfocado en ciberseguridad y pruebas de penetración.
     - **Arch Linux**: Para usuarios avanzados que deseen aprender la configuración desde cero.

2. Instalación del Software

Una vez definida la distribución Linux, el siguiente paso es instalar y configurar el software necesario para el curso. Esto incluye el sistema operativo, herramientas educativas y aplicaciones específicas.

1. **Instalación de Linux**
   - Opciones para implementar Linux en el aula:
     - **Instalación Dual**: Permite a los estudiantes mantener sus sistemas operativos originales junto con Linux.
     - **Live USB**: Permite ejecutar Linux sin instalarlo, ideal para pruebas rápidas o para no modificar el sistema del equipo.
     - **Máquinas Virtuales**: Usando herramientas como **VirtualBox** o **VMware**, los estudiantes pueden experimentar con Linux en un entorno seguro y controlado.
2. **Configuración de Software Básico**
   - Instalar paquetes esenciales para la enseñanza:
     - **Terminal de línea de comandos**: Bash, zsh o fish.
     - **Editores de texto**: Nano, Vim, o editores gráficos como Visual Studio Code.
     - **Gestores de paquetes**: APT (Debian/Ubuntu), YUM/DNF (Red Hat/Fedora), Pacman (Arch).
3. **Herramientas Educativas**
   - Instalar herramientas específicas según los temas del curso:
     - **Programación**: Python, GCC, Java.
     - **Redes**: Wireshark, Netcat, Nmap.
     - **Administración de sistemas**: HTOP, cron, SSH.
     - **Ofimática**: LibreOffice para documentos, hojas de cálculo y presentaciones.

3. Configuración del Hardware

Para maximizar el uso de Linux en el aula, es importante asegurarse de que el hardware esté configurado correctamente.

1. **Compatibilidad de Periféricos**
   - Asegurarse de que dispositivos como impresoras, proyectores, y adaptadores de red sean compatibles con Linux.
   - Utilizar controladores disponibles en los repositorios de la distribución o de la comunidad.
2. **Optimización de Equipos Antiguos**
   - Instalar distribuciones ligeras para equipos con menos capacidad:
     - **Puppy Linux**: Extremadamente ligero, ideal para computadoras muy antiguas.
     - **LXLE**: Enfocado en revitalizar hardware antiguo con una experiencia moderna.
3. **Red Local para Colaboración**
   - Configurar una red local para que los estudiantes puedan compartir archivos, acceder a servidores y colaborar en tiempo real.
   - Utilizar herramientas como **Samba** para compartir archivos entre Linux y otros sistemas operativos.

4. Entornos Virtualizados y de Prueba

Los entornos virtuales son ideales para enseñar Linux, ya que permiten a los estudiantes experimentar sin temor a dañar sistemas reales.

1. **Máquinas Virtuales**
   - Herramientas como **VirtualBox**, **VMware** o **KVM** permiten crear entornos virtuales para cada estudiante.
   - Ventajas:
     - Permiten realizar experimentos con configuraciones avanzadas.
     - Se pueden reiniciar fácilmente si ocurre un error.
2. **Contenedores**
   - Usar herramientas como **Docker** para enseñar conceptos modernos de virtualización y administración de aplicaciones.
   - Los contenedores son ideales para simular entornos de desarrollo o producción.
3. **Laboratorios en la Nube**
   - Plataformas como **AWS**, **Google Cloud** o **Microsoft Azure** permiten a los estudiantes experimentar con Linux en servidores remotos.
   - Alternativas gratuitas como **Linode** o **DigitalOcean** ofrecen créditos para proyectos educativos.

5. Creación de Documentación y Recursos

Un entorno de aprendizaje bien documentado facilita el éxito del curso y empodera a los estudiantes para aprender de manera autónoma.

1. **Documentación del Entorno**
   - Crear guías claras sobre:
     - Cómo iniciar sesión y usar el sistema.
     - Comandos básicos del terminal.
     - Solución de problemas comunes.
2. **Recursos Educativos**
   - Proveer enlaces a documentación oficial, foros y tutoriales relevantes.
   - Utilizar plataformas como **GitHub** para compartir materiales del curso, como ejemplos de código o scripts preconfigurados.
3. **Entornos Preconfigurados**
   - Crear imágenes del sistema o máquinas virtuales con todas las herramientas instaladas para distribuir entre los estudiantes.

6. Seguridad y Mantenimiento

1. **Gestión de Usuarios y Permisos**
   - Configurar cuentas individuales para los estudiantes con permisos limitados para evitar cambios no deseados en el sistema.
   - Enseñar a los estudiantes sobre la gestión de usuarios y grupos en Linux.
2. **Actualización del Sistema**
   - Establecer un cronograma regular para actualizar el sistema operativo y las aplicaciones instaladas.
   - Enseñar a los estudiantes cómo mantener sus sistemas actualizados mediante comandos como `apt update && apt upgrade`.
3. **Seguridad del Entorno**
   - Implementar medidas de seguridad como firewalls (por ejemplo, **UFW**) y herramientas de monitoreo de redes.
   - Crear entornos aislados para prácticas avanzadas que puedan afectar la red o los sistemas.

7. Creación de un Entorno Motivador

1. **Fomentar la Exploración**
   - Permitir a los estudiantes experimentar libremente con configuraciones y comandos, sin miedo a romper el sistema.
   - Proporcionar actividades prácticas, como la configuración de un servidor o la automatización de tareas.
2. **Establecer un Espacio Colaborativo**
   - Fomentar la colaboración mediante herramientas como:
     - **Git** para proyectos en equipo.
     - **Nextcloud** o **OwnCloud** para compartir archivos de manera segura.

3. **Gamificación del Aprendizaje**
    - Incorporar elementos de juego, como desafíos semanales o premios por resolver problemas técnicos, para mantener el interés y la motivación.

3.1. Instalación de Linux en el Aula: Live USB vs. Máquinas Virtuales

La instalación de Linux en un entorno educativo es un paso clave para brindar a los estudiantes acceso a un sistema operativo versátil y poderoso. Dos de las opciones más prácticas para implementar Linux en el aula son el uso de **Live USBs** y **máquinas virtuales**. Ambas alternativas tienen ventajas y desventajas dependiendo de los objetivos del curso, el hardware disponible y las necesidades de los estudiantes. En esta sección, analizaremos en profundidad cada enfoque, sus aplicaciones y cómo elegir el más adecuado para diferentes situaciones.

1. ¿Qué es un Live USB?

Un **Live USB** es una unidad USB que contiene una distribución Linux ejecutable sin necesidad de instalarla en el disco duro de la computadora. El sistema operativo se carga directamente desde el USB, permitiendo a los usuarios utilizar Linux en modo "en vivo" para pruebas, aprendizaje o incluso trabajos completos.

Ventajas del Live USB

1. **Portabilidad y Versatilidad**
    - Los estudiantes pueden llevar su Live USB y usarlo en cualquier computadora que permita el arranque desde USB, independientemente del sistema operativo instalado en el equipo.
2. **No Requiere Modificar el Sistema Original**
    - El uso de un Live USB no afecta el sistema operativo o los datos del disco duro del equipo. Esto lo hace ideal para laboratorios compartidos o aulas donde no se permite modificar los equipos.
3. **Bajo Requisito de Hardware**
    - La mayoría de las distribuciones Linux pueden ejecutarse directamente desde el USB con requisitos mínimos de hardware, aunque la experiencia será más fluida con hardware más moderno.
4. **Simplicidad en la Configuración**
    - Crear un Live USB es un proceso sencillo que involucra descargar una imagen ISO de la distribución Linux y grabarla en un USB usando herramientas como **Rufus** (Windows) o **Etcher** (Linux/macOS).
5. **Ideal para Pruebas y Diagnósticos**

- Permite a los estudiantes experimentar con Linux sin temor a alterar la configuración del sistema anfitrión. También es útil para solucionar problemas o recuperar datos en sistemas que no arrancan.

Desventajas del Live USB

1. **Rendimiento Limitado**
   - Como el sistema operativo se ejecuta desde un USB, el rendimiento puede ser inferior al de una instalación completa. La velocidad de lectura/escritura del USB influye directamente en la experiencia.
2. **Pérdida de Cambios al Reiniciar**
   - A menos que se configure un sistema de persistencia, todos los cambios realizados en el sistema (archivos creados, configuraciones, etc.) se perderán al apagar la computadora.
3. **Dependencia del Hardware Local**
   - Aunque el Live USB es portable, su compatibilidad depende del hardware de la computadora anfitriona, como controladores de gráficos o red.

2. ¿Qué es una Máquina Virtual?

Una **máquina virtual (VM)** es un entorno aislado que simula una computadora completa dentro de un sistema operativo anfitrión. Con herramientas como **VirtualBox**, **VMware** o **KVM**, es posible instalar y ejecutar Linux en una máquina virtual sin necesidad de alterar el sistema operativo principal.

Ventajas de las Máquinas Virtuales

1. **Entorno Completamente Aislado**
   - Las máquinas virtuales permiten ejecutar Linux dentro de un sistema operativo anfitrión, como Windows o macOS, sin riesgo de afectar el sistema principal.
2. **Flexibilidad y Recuperación Rápida**
   - Los estados de una máquina virtual pueden guardarse como instantáneas. Esto permite a los estudiantes experimentar libremente, sabiendo que pueden volver a un punto anterior si algo sale mal.
3. **Reutilización del Hardware**
   - No se requiere hardware adicional como unidades USB. Todo se ejecuta en el disco duro existente utilizando recursos del anfitrión.
4. **Compatibilidad con Múltiples Distribuciones**
   - En una misma computadora, los estudiantes pueden ejecutar varias distribuciones de Linux para comparar características y entornos sin necesidad de reiniciar.
5. **Persistencia Total**

- Cualquier cambio realizado en el sistema virtual se guarda automáticamente, permitiendo a los estudiantes continuar donde lo dejaron.

Desventajas de las Máquinas Virtuales

1. **Requiere Más Recursos del Sistema**
   - Las máquinas virtuales consumen recursos adicionales, como CPU, RAM y espacio en disco, ya que comparten el hardware con el sistema operativo anfitrión. Esto puede ser un desafío en computadoras menos potentes.
2. **Curva de Aprendizaje Inicial**
   - Configurar una máquina virtual puede ser más complejo que usar un Live USB. Los estudiantes necesitan familiarizarse con conceptos como discos virtuales, asignación de recursos y redes virtuales.
3. **Dependencia del Sistema Anfitrión**
   - El rendimiento de la máquina virtual depende del sistema operativo anfitrión. Si este último tiene problemas, la VM también se verá afectada.

3. Comparación: Live USB vs. Máquinas Virtuales

Aspecto	Live USB	Máquinas Virtuales
Portabilidad	Alta: Funciona en cualquier computadora compatible	Baja: Requiere el equipo anfitrión configurado
Impacto en el Sistema	Ninguno: No modifica el sistema anfitrión	Ninguno: Se ejecuta de forma aislada
Persistencia	Opcional, requiere configuración	Total: Cambios guardados automáticamente
Rendimiento	Limitado por la velocidad del USB	Limitado por recursos asignados
Configuración Inicial	Rápida y sencilla	Más compleja, requiere instalación del software VM
Compatibilidad de Hardware	Depende del equipo anfitrión	Depende del software de virtualización
Costo de Implementación	Muy bajo (solo USBs)	Bajo, pero requiere hardware más potente
Uso Ideal	Experimentación rápida, pruebas de hardware	Aprendizaje avanzado, simulación de entornos reales

4. ¿Cuál Elegir?

La elección entre Live USB y máquinas virtuales depende de los objetivos educativos, el hardware disponible y el nivel de experiencia de los estudiantes:

Casos en los que el Live USB es Mejor

1. **Introducción a Linux**: Ideal para cursos básicos donde los estudiantes necesitan experimentar rápidamente con el sistema operativo.
2. **Hardware Limitado**: Cuando las computadoras del aula no tienen suficiente potencia para ejecutar máquinas virtuales.
3. **Entornos Compartidos**: Cuando no se pueden realizar cambios permanentes en las computadoras de la institución.

Casos en los que las Máquinas Virtuales son Mejores

1. **Cursos Avanzados**: Perfecto para enseñar administración de sistemas, redes o desarrollo en Linux, donde se requiere persistencia y configuraciones más complejas.
2. **Simulación de Entornos Reales**: Ideal para prácticas de servidores, pruebas de aplicaciones y configuración de redes virtuales.
3. **Acceso a Múltiples Distribuciones**: Cuando los estudiantes necesitan trabajar con diferentes distribuciones de Linux simultáneamente.

5. Implementación Mixta

En muchas situaciones, una combinación de ambas opciones puede ser la solución ideal:

- Usar **Live USB** para introducir conceptos básicos y permitir que los estudiantes se familiaricen con Linux rápidamente.
- Implementar **máquinas virtuales** para proyectos avanzados, simulaciones o tareas que requieran configuraciones persistentes.

3.2. Configuración de Laboratorios con Distribuciones Ligeras

Configurar laboratorios con distribuciones ligeras de Linux es una solución efectiva para maximizar los recursos en entornos educativos. Las distribuciones ligeras son ideales para equipos con hardware limitado o para optimizar el uso de computadoras más antiguas, manteniendo un rendimiento adecuado para tareas educativas. Este enfoque no solo es económicamente eficiente, sino que también fomenta un aprendizaje práctico al exponer a los estudiantes a entornos funcionales basados en Linux.

En esta sección, exploraremos los beneficios de las distribuciones ligeras, cómo seleccionar la más adecuada, y los pasos detallados para implementar un laboratorio educativo optimizado con ellas.

1. ¿Qué Son las Distribuciones Ligeras?

Las distribuciones ligeras de Linux están diseñadas para funcionar eficientemente en hardware con recursos limitados, como procesadores antiguos, poca memoria RAM o discos duros de menor capacidad. Estas distribuciones minimizan el consumo de recursos utilizando entornos de escritorio ligeros y aplicaciones optimizadas.

Características Clave:

1. **Entornos de Escritorio Ligeros**:
   - Utilizan entornos como **LXDE**, **XFCE**, o **IceWM** en lugar de escritorios más pesados como GNOME o KDE.
2. **Paquetes y Aplicaciones Esenciales**:
   - Incluyen solo las herramientas básicas necesarias, evitando aplicaciones que puedan sobrecargar el sistema.
3. **Compatibilidad con Hardware Antiguo**:
   - Pueden ejecutarse en computadoras con tan solo 512 MB de RAM y procesadores de hace más de una década.

2. Beneficios de Usar Distribuciones Ligeras en el Aula

1. **Extensión de la Vida Útil del Hardware**
   - Las distribuciones ligeras permiten reutilizar equipos antiguos, eliminando la necesidad de inversiones significativas en hardware nuevo.
2. **Ahorro de Recursos Económicos**
   - Al utilizar software libre y gratuito, se reducen los costos asociados con licencias de software propietario.
3. **Fomento del Aprendizaje Práctico**
   - Los estudiantes tienen acceso a un entorno funcional de Linux para aprender comandos, desarrollar proyectos y explorar el sistema operativo en tiempo real.
4. **Facilidad de Configuración y Mantenimiento**
   - Las distribuciones ligeras suelen ser fáciles de instalar y mantener, lo que reduce el esfuerzo administrativo.
5. **Versatilidad en el Aula**
   - Adecuadas para una variedad de usos, como enseñanza básica de sistemas operativos, programación, redes y ciberseguridad.

3. Selección de Distribuciones Ligeras

Existen varias distribuciones ligeras adecuadas para diferentes necesidades educativas. La elección depende del hardware disponible y los objetivos del curso.

Ejemplos de Distribuciones Ligeras:

1. **Lubuntu**
   - Entorno de escritorio: LXQt.
   - Ideal para: Usos generales y aprendizaje básico de Linux.
   - Requisitos mínimos: 1 GB de RAM, procesador de 64 bits.
2. **Xubuntu**
   - Entorno de escritorio: XFCE.
   - Ideal para: Computadoras con hardware modesto que necesiten un sistema más completo.
   - Requisitos mínimos: 1 GB de RAM, procesador de 64 bits.
3. **Linux Lite**
   - Entorno de escritorio: XFCE.
   - Ideal para: Transición desde Windows a Linux, con una interfaz amigable.
   - Requisitos mínimos: 1 GB de RAM, procesador de 64 bits.
4. **Puppy Linux**
   - Entorno de escritorio: JWM/Rox.
   - Ideal para: Computadoras muy antiguas con menos de 512 MB de RAM.
   - Requisitos mínimos: 300 MB de RAM, procesador de 32 bits.
5. **AntiX**
   - Entorno de escritorio: IceWM.
   - Ideal para: Máxima eficiencia en hardware antiguo.
   - Requisitos mínimos: 256 MB de RAM, procesador de 32 bits.
6. **Bodhi Linux**
   - Entorno de escritorio: Moksha.
   - Ideal para: Computadoras con hardware limitado y usuarios que buscan personalización.
   - Requisitos mínimos: 512 MB de RAM, procesador de 32 bits.

4. Pasos para Configurar un Laboratorio con Distribuciones Ligeras

1. Evaluar el Hardware Disponible

- Realizar un inventario del hardware del laboratorio para determinar las especificaciones técnicas (procesador, RAM, capacidad de disco duro).

- Clasificar los equipos según su capacidad para seleccionar la distribución más adecuada para cada grupo.

2. Descargar las Distribuciones

- Visitar los sitios oficiales de las distribuciones seleccionadas y descargar las imágenes ISO correspondientes.
- Asegurarse de obtener las versiones optimizadas para la arquitectura del hardware (32 bits o 64 bits).

3. Crear Medios de Instalación

- Usar herramientas como **Rufus** (Windows), **Etcher** (Linux/macOS) o **UNetbootin** para crear USBs de arranque con las distribuciones seleccionadas.
- Alternativamente, grabar la ISO en un CD/DVD para computadoras que no soporten arranque desde USB.

4. Instalación en los Equipos

- Configurar la BIOS o UEFI de cada computadora para arrancar desde el USB o CD/DVD.
- Iniciar el instalador de la distribución y seguir las instrucciones para instalar el sistema en el disco duro.
- Durante la instalación:
    - Configurar particiones de disco según las necesidades (por ejemplo, particiones separadas para /home o intercambio de memoria).
    - Crear usuarios específicos para los estudiantes o configurar usuarios genéricos con permisos limitados.

5. Optimizar el Sistema

- Deshabilitar servicios innecesarios para mejorar el rendimiento (por ejemplo, servicios de red que no se utilizarán).
- Ajustar la configuración del entorno de escritorio para minimizar el uso de recursos, como desactivar animaciones o efectos visuales.

6. Instalar Herramientas Educativas

- Instalar aplicaciones relevantes para las tareas del curso, como:
    - **LibreOffice** para ofimática.
    - **GIMP** para edición de imágenes.
    - **VSCode** o **Geany** para programación.

- **Wireshark** para redes.
- Usar gestores de paquetes (APT, YUM, Pacman) para instalar y actualizar aplicaciones fácilmente.

7. Configuración de la Red y Colaboración

- Configurar la red local para permitir el intercambio de archivos y colaboración entre estudiantes.
- Implementar herramientas como **Samba** para compartir recursos entre computadoras con diferentes sistemas operativos.

8. Crear Imágenes del Sistema

- Una vez configurado el sistema, crear imágenes de disco con herramientas como **Clonezilla**. Esto permite restaurar rápidamente las configuraciones en caso de fallos.

9. Documentación y Capacitación

- Proveer guías para que los estudiantes aprendan a utilizar la distribución seleccionada.
- Incluir una lista de comandos básicos, tutoriales para las herramientas instaladas y recursos de soporte.

5. Mantenimiento del Laboratorio

1. **Actualización del Sistema**
   - Establecer un cronograma para actualizar el sistema operativo y las aplicaciones instaladas mediante comandos como:

   ```bash
   sudo apt update && sudo apt upgrade
   ```

2. **Monitoreo del Rendimiento**
   - Usar herramientas como **HTOP** para monitorear el uso de recursos y ajustar configuraciones según sea necesario.

3. **Respaldo Regular**
   - Crear respaldos periódicos de las configuraciones y datos del laboratorio para prevenir pérdida de información.

4. **Seguridad**
   - Configurar firewalls básicos con herramientas como **UFW** para proteger el entorno del laboratorio.
   - Restringir el acceso de los usuarios a configuraciones críticas del sistema.

6. Impacto Educativo

1. **Inclusión Digital**
   - Reutilizar hardware antiguo democratiza el acceso a la tecnología y garantiza que más estudiantes puedan participar en actividades prácticas.
2. **Fomento del Aprendizaje Activo**
   - Las distribuciones ligeras brindan un entorno completamente funcional para que los estudiantes experimenten con Linux y desarrollen habilidades técnicas clave.
3. **Sostenibilidad Tecnológica**
   - El enfoque en distribuciones ligeras reduce el desperdicio electrónico al extender la vida útil de los equipos.

3.3. Requisitos Técnicos Básicos para Instalar y Usar Linux en el Aula

Configurar un entorno de aprendizaje basado en Linux requiere conocer los requisitos técnicos básicos para garantizar un rendimiento óptimo y una experiencia de usuario satisfactoria. Estos requisitos pueden variar según la distribución Linux seleccionada, el propósito educativo del entorno y las capacidades del hardware disponible. A continuación, se detallan los aspectos técnicos fundamentales a considerar para instalar y operar Linux en un aula.

1. Evaluación de Hardware Disponible

Antes de seleccionar una distribución Linux, es esencial analizar las especificaciones del hardware disponible. Esto permite elegir una distribución adecuada y aprovechar al máximo los recursos existentes.

Elementos a Evaluar:

1. **Procesador (CPU)**
   - La capacidad del procesador afecta directamente el rendimiento del sistema.
   - Para distribuciones modernas, un procesador de 64 bits (x86_64) es preferible, aunque algunas distribuciones ligeras aún admiten procesadores de 32 bits (x86).
   - Ejemplos:
     - Distribuciones ligeras como **Puppy Linux** o **AntiX** pueden ejecutarse en procesadores de más de 15 años.

- Distribuciones estándar como **Ubuntu** o **Fedora** requieren procesadores más recientes, con soporte para instrucciones avanzadas.

2. **Memoria RAM**
   - La memoria RAM es crítica para el rendimiento del sistema, especialmente si se ejecutan aplicaciones múltiples o máquinas virtuales.
   - Recomendaciones generales según la distribución:
     - Distribuciones ligeras: 512 MB a 1 GB de RAM.
     - Distribuciones estándar: 2 GB o más para un rendimiento aceptable.
     - Usos avanzados (programación, servidores locales, máquinas virtuales): 4 GB o más.

3. **Almacenamiento**
   - El espacio de almacenamiento mínimo requerido varía entre distribuciones:
     - Distribuciones ligeras: 2-8 GB (sistema base).
     - Distribuciones estándar: 20-50 GB (incluyendo espacio para aplicaciones y datos de usuario).
   - Se recomienda utilizar discos SSD para mejorar los tiempos de arranque y la velocidad general del sistema, aunque los discos duros tradicionales (HDD) también son compatibles.

4. **Tarjeta Gráfica**
   - Aunque la mayoría de las distribuciones Linux son compatibles con tarjetas gráficas integradas, algunos entornos gráficos más avanzados (como GNOME o KDE) pueden beneficiarse de tarjetas gráficas dedicadas.
   - Las distribuciones ligeras utilizan entornos de escritorio menos exigentes (LXDE, XFCE, etc.), adecuados para hardware limitado.

5. **Red y Conectividad**
   - Asegurarse de que las tarjetas de red (LAN o Wi-Fi) sean compatibles con Linux. La mayoría de las distribuciones incluyen controladores genéricos para dispositivos comunes.
   - Verificar la disponibilidad de puertos USB para Live USBs y la conexión de periféricos.

2. Requisitos Generales por Tipo de Distribución

Los requisitos técnicos dependen de la distribución Linux elegida. A continuación, se presentan ejemplos de requisitos según el tipo de distribución:

Distribución	Procesador	RAM	Almacenamiento	Entorno de Escritorio
Ubuntu	64 bits, 1 GHz	2 GB	25 GB	GNOME
Fedora Workstation	64 bits, 1 GHz	2 GB	25 GB	GNOME
Linux Mint XFCE	64 bits, 1 GHz	1 GB	15 GB	XFCE
Lubuntu	64 bits, 1 GHz	1 GB	10 GB	LXQt
Puppy Linux	32 o 64 bits	512 MB	2 GB	JWM/Rox

Distribución	Procesador	RAM	Almacenamiento	Entorno de Escritorio
AntiX	32 o 64 bits	256 MB	5 GB	IceWM

3. Requisitos para Configuraciones Avanzadas

En entornos educativos donde se planea realizar prácticas avanzadas (como máquinas virtuales, desarrollo de software o redes), es necesario un hardware más robusto.

1. **Máquinas Virtuales**
   - Las máquinas virtuales requieren recursos adicionales:
     - RAM: Al menos 4 GB, idealmente 8 GB o más si se ejecutan varias máquinas virtuales simultáneamente.
     - CPU: Procesador con soporte para virtualización (Intel VT-x o AMD-V).
     - Disco: Espacio adicional para almacenar discos virtuales (20 GB por máquina virtual en promedio).
2. **Pruebas de Redes y Seguridad**
   - Actividades como simulación de redes y pruebas de penetración requieren soporte de red avanzado:
     - Tarjetas de red compatibles con monitoreo de paquetes (Wireshark, tcpdump).
     - Herramientas como Kali Linux, que pueden ejecutarse en hardware estándar con 2 GB de RAM.
3. **Computación en la Nube y Contenedores**
   - Usar herramientas como Docker o Kubernetes requiere recursos adicionales:
     - RAM: 4 GB mínimo para contenedores simples.
     - CPU: Múltiples núcleos para gestionar múltiples contenedores.

4. Requisitos de Software Complementario

1. **Gestores de Paquetes**
   - Cada distribución tiene su gestor de paquetes principal:
     - Debian/Ubuntu: APT.
     - Red Hat/Fedora: YUM o DNF.
     - Arch Linux: Pacman.
2. **Controladores y Firmware**
   - Algunas configuraciones avanzadas pueden requerir controladores propietarios para hardware específico, como tarjetas gráficas NVIDIA o adaptadores de red inalámbricos Broadcom.
3. **Aplicaciones Educativas**
   - Software para enseñanza:
     - **LibreOffice**: Suite ofimática ligera.
     - **Geany** o **VSCode**: Editores de código.
     - **GIMP**: Edición gráfica.

- **Wireshark**: Análisis de redes.

5. Configuración del Software y Sistema

1. **Particionado del Disco**
   - Recomendaciones básicas:
     - Partición / (sistema): 15-20 GB.
     - Partición /home (datos de usuario): Espacio restante.
     - Partición de intercambio (swap): 2 GB o equivalente a la RAM en sistemas con poca memoria.
2. **Instalación del Sistema Operativo**
   - Descargar la imagen ISO de la distribución elegida desde su sitio oficial.
   - Usar herramientas como Rufus (Windows) o dd (Linux/macOS) para crear un medio de instalación (USB booteable).
3. **Configuración del Entorno de Escritorio**
   - Seleccionar un entorno gráfico acorde a las capacidades del hardware:
     - **LXDE/XFCE**: Para equipos con recursos limitados.
     - **GNOME/KDE**: Para equipos más potentes.

6. Configuración de la Red

1. **Configuración Básica**
   - Configurar una conexión LAN o Wi-Fi estable para garantizar acceso a actualizaciones y recursos en línea.
   - Verificar conectividad con comandos básicos:

   ```bash
   ping google.com
   ```

2. **Seguridad**
   - Configurar firewalls básicos usando **UFW**:

   ```bash
   sudo ufw enable
   ```

7. Pruebas y Optimización

1. **Pruebas Iniciales**
   - Verificar que el sistema se inicie correctamente y que todos los periféricos funcionen (teclado, ratón, pantalla, etc.).

- Comprobar que las aplicaciones esenciales están instaladas y funcionan como se espera.

2. **Optimización del Sistema**
   - Deshabilitar servicios innecesarios para mejorar el rendimiento:

   ```bash
   sudo systemctl disable servicio_innecesario
   ```

3. **Monitoreo de Recursos**
   - Utilizar herramientas como **HTOP** para identificar procesos que consumen demasiados recursos.

Sección 2: Fundamentos del Sistema Linux

4. Estructura del Sistema Operativo Linux

El sistema operativo Linux se caracteriza por su diseño modular y eficiente, lo que lo convierte en uno de los sistemas más robustos, flexibles y ampliamente utilizados en la informática moderna. Su arquitectura está compuesta por varias capas y componentes que trabajan en conjunto para garantizar un rendimiento óptimo y una interacción fluida entre el hardware y el software. Comprender la estructura del sistema operativo Linux es esencial para administradores de sistemas, desarrolladores y estudiantes que desean profundizar en su funcionamiento.

En esta sección, exploraremos en detalle la estructura del sistema operativo Linux, desde el núcleo (kernel) hasta las aplicaciones de usuario, destacando cómo estas partes interactúan entre sí.

1. Visión General de la Estructura de Linux

La estructura de Linux sigue un modelo en capas, donde cada nivel desempeña un papel específico:

1. **Hardware**
   - Representa los componentes físicos del sistema, como la CPU, memoria RAM, disco duro, dispositivos de entrada/salida, y tarjetas de red.
2. **Núcleo (Kernel)**
   - Es el corazón del sistema operativo, responsable de la comunicación directa con el hardware y la gestión de los recursos del sistema.
3. **Interfaz del Núcleo**
   - Proporciona herramientas y APIs para que los programas interactúen con el núcleo. Incluye llamadas al sistema y controladores de dispositivos.
4. **Shell (Intérprete de Comandos)**

- Actúa como una interfaz entre el usuario y el sistema operativo, permitiendo ejecutar comandos y scripts.
5. **Aplicaciones de Usuario**
    - Programas y herramientas que utilizan los usuarios, como navegadores, editores de texto y suites de productividad.

2. El Núcleo (Kernel)

El núcleo es la parte más importante del sistema operativo Linux. Es un software que interactúa directamente con el hardware y proporciona servicios esenciales a las aplicaciones.

Funciones Principales del Kernel:

1. **Gestión de Procesos**
    - El kernel controla la creación, ejecución y finalización de procesos. Utiliza un sistema multitarea para garantizar que múltiples procesos se ejecuten simultáneamente sin interferir entre sí.
    - Ejemplo de comando:

    ```
    bash

    ps -aux
    ```

2. **Gestión de Memoria**
    - Administra la memoria RAM, asignando y liberando espacio según las necesidades de los procesos.
    - Implementa una memoria virtual para garantizar que los programas tengan suficiente espacio, incluso si la RAM física es limitada.
3. **Gestión de Dispositivos**
    - Utiliza controladores para comunicarse con dispositivos de hardware como discos duros, impresoras y tarjetas de red.
    - Los dispositivos se representan como archivos en el sistema de archivos.
4. **Gestión de Sistemas de Archivos**
    - Proporciona una estructura jerárquica para almacenar y organizar datos. Soporta varios sistemas de archivos, como ext4, XFS y NTFS.
5. **Gestión de Seguridad**
    - Implementa permisos y roles de usuario para proteger el sistema de accesos no autorizados.
    - Utiliza mecanismos como SELinux y AppArmor para una seguridad avanzada.

Tipos de Kernel:

1. **Kernel Monolítico**

- El kernel de Linux es monolítico, lo que significa que todas sus funciones, como la gestión de procesos, memoria y dispositivos, están integradas en un solo módulo.

2. **Kernel Modular**
    - Aunque es monolítico, Linux permite cargar y descargar módulos del kernel en tiempo de ejecución, lo que mejora su flexibilidad.

3. Sistema de Archivos Jerárquico

Linux organiza sus datos en un sistema de archivos jerárquico, donde todo, incluyendo dispositivos, configuraciones y datos de usuario, se representa como un archivo.

Principales Directorios:

1. **/ (Raíz)**
    - El directorio principal del sistema. Todos los demás directorios y archivos se encuentran dentro de este.
2. **/bin**
    - Contiene los comandos esenciales disponibles para todos los usuarios, como `ls`, `cp`, y `cat`.
3. **/boot**
    - Almacena archivos necesarios para el arranque del sistema, como el núcleo y el cargador de arranque (GRUB).
4. **/dev**
    - Contiene archivos especiales que representan dispositivos del sistema, como discos (`/dev/sda`) y terminales (`/dev/tty`).
5. **/etc**
    - Almacena archivos de configuración del sistema y aplicaciones.
6. **/home**
    - Directorios personales de los usuarios. Cada usuario tiene su propio subdirectorio (`/home/usuario`).
7. **/lib**
    - Librerías esenciales para que el sistema y los programas funcionen.
8. **/var**
    - Almacena datos variables como registros del sistema (`/var/log`) y archivos temporales.
9. **/proc y /sys**
    - Directorios virtuales que contienen información sobre procesos y el estado del sistema.

4. La Interfaz del Núcleo

La interfaz del núcleo conecta las aplicaciones y herramientas con el kernel, permitiendo el acceso a los servicios del sistema.

1. **Llamadas al Sistema**
   - Son funciones que las aplicaciones pueden usar para solicitar servicios al kernel, como leer un archivo o crear un proceso.
2. **Controladores de Dispositivos**
   - Traducen las instrucciones del núcleo en comandos que el hardware pueda entender.
3. **Espacios de Usuario y Núcleo**
   - El sistema operativo divide la memoria en espacio de usuario (para aplicaciones) y espacio de núcleo (para el kernel), lo que mejora la seguridad y el rendimiento.

5. Shell: La Interfaz de Usuario

El shell es el intérprete de comandos que permite a los usuarios interactuar con el sistema operativo.

Tipos de Shell:

1. **Bash (Bourne Again Shell)**
   - Es el shell predeterminado en muchas distribuciones de Linux. Proporciona una sintaxis rica para comandos y scripts.
   - Ejemplo:

     ```
     bash

     echo "Hola, Linux"
     ```

2. **Zsh, Fish, y Otros**
   - Shells alternativos que ofrecen características adicionales como autocompletado avanzado y personalización.

Funciones del Shell:

- Ejecutar comandos del usuario.
- Gestionar scripts para automatizar tareas.
- Proporcionar herramientas para manipular el sistema, como `grep`, `awk`, y `sed`.

6. Aplicaciones y Herramientas de Usuario

Linux incluye una amplia gama de aplicaciones y herramientas que facilitan tareas comunes y avanzadas.

1. **Utilidades Básicas**
   - Comandos como `ls`, `cd`, `cp`, y `mv` son esenciales para gestionar archivos y directorios.
2. **Gestores de Paquetes**
   - Permiten instalar, actualizar y eliminar software fácilmente.
   - Ejemplo:

   ```bash
   sudo apt install nombre_del_paquete
   ```

3. **Aplicaciones Gráficas**
   - Linux admite entornos gráficos como GNOME, KDE y XFCE, que proporcionan una interfaz visual amigable.
4. **Aplicaciones Especializadas**
   - Herramientas para desarrollo, administración de sistemas y análisis de redes, como Vim, Docker y Wireshark.

7. Seguridad en la Estructura de Linux

1. **Sistema de Permisos**
   - Linux utiliza permisos de lectura, escritura y ejecución para proteger archivos y directorios.
   - Ejemplo:

   ```bash
   chmod 755 archivo
   ```

2. **Usuarios y Grupos**
   - Cada usuario pertenece a un grupo, y los permisos se asignan según usuarios, grupos y otros.
3. **Herramientas de Seguridad**
   - Firewalls como UFW y herramientas avanzadas como SELinux proporcionan protección adicional.

4.1. Kernel, Shell y Servicios en Linux

El sistema operativo Linux se compone de varios elementos clave que trabajan en conjunto para ofrecer una experiencia funcional, eficiente y segura. Tres de los componentes fundamentales son el **kernel**, el **shell** y los **servicios**. Estos elementos desempeñan roles esenciales para garantizar que el sistema pueda interactuar con el hardware, ejecutar comandos y mantener los procesos en funcionamiento.

En esta sección, exploraremos en detalle cada uno de estos componentes, cómo interactúan entre sí y cómo contribuyen al funcionamiento del sistema operativo Linux.

1. El Kernel: El Corazón del Sistema Operativo

El **kernel** es el núcleo de Linux y de cualquier sistema operativo basado en él. Actúa como intermediario entre el hardware y las aplicaciones, gestionando los recursos del sistema y proporcionando una interfaz consistente para interactuar con el hardware.

Funciones Principales del Kernel

1. **Gestión de Procesos**
    - El kernel coordina la ejecución de múltiples procesos mediante técnicas de multitarea.
    - Asigna tiempo de CPU a cada proceso y asegura que no interfieran entre sí.
    - Herramientas relacionadas:
        - Comando `ps` para listar procesos:

        ```bash
        ps -aux
        ```

        - Comando `top` o `htop` para monitorear procesos en tiempo real.
2. **Gestión de Memoria**
    - Administra la memoria física (RAM) y la memoria virtual.
    - Implementa paginación y segmentación para optimizar el uso de la memoria.
    - Usa un sistema de intercambio (*swap*) para extender la memoria disponible.
3. **Gestión de Dispositivos**
    - Utiliza controladores para comunicar el software con dispositivos físicos como discos duros, tarjetas gráficas y adaptadores de red.
    - En Linux, los dispositivos se representan como archivos en el directorio `/dev`.
    - Ejemplo de dispositivo de almacenamiento:

        ```bash
        /dev/sda
        ```

4. **Gestión de Sistemas de Archivos**
    - El kernel soporta múltiples sistemas de archivos (ext4, XFS, NTFS, etc.).
    - Proporciona una interfaz unificada para acceder y gestionar archivos y directorios.
5. **Gestión de Seguridad**
    - Implementa permisos para usuarios y grupos, asegurando que solo las personas autorizadas puedan acceder o modificar recursos del sistema.
    - Integra mecanismos avanzados como **SELinux** o **AppArmor** para aumentar la seguridad.

Estructura del Kernel

1. **Monolítico y Modular**
   - El kernel de Linux es monolítico: todas las funciones principales están integradas en un solo núcleo.
   - Sin embargo, es modular, lo que permite cargar y descargar módulos en tiempo de ejecución para ampliar sus capacidades.
   - Ejemplo:

   ```bash
   lsmod    # Lista los módulos cargados
   modprobe nombre_modulo   # Carga un módulo
   ```

2. **Espacios del Kernel**
   - Espacio del Núcleo: Área protegida donde se ejecuta el kernel y sus módulos.
   - Espacio del Usuario: Área donde se ejecutan aplicaciones y comandos.

2. El Shell: La Interfaz entre el Usuario y el Sistema

El **shell** es el intérprete de comandos que permite a los usuarios interactuar con el sistema operativo. Sirve como una interfaz entre el usuario y el kernel, ejecutando comandos y scripts para realizar tareas.

Tipos de Shell en Linux

1. **Bash (Bourne Again Shell)**
   - Es el shell predeterminado en muchas distribuciones de Linux.
   - Ofrece características avanzadas como historial de comandos, alias y scripting.
   - Ejemplo:

   ```bash
   echo "Hola, mundo"
   ```

2. **Zsh**
   - Un shell más moderno y personalizable que incluye autocompletado avanzado y soporte para temas.
   - Popular entre desarrolladores y usuarios avanzados.
3. **Fish (Friendly Interactive Shell)**
   - Ofrece una experiencia interactiva amigable y predicciones automáticas.
4. **Otros Shells**
   - **Sh**: El shell Bourne original.
   - **Ksh**: KornShell.

- **Tcsh**: Una variante del shell C.

Funciones del Shell

1. **Ejecución de Comandos**
   - El shell interpreta los comandos del usuario y los ejecuta a través del kernel.
   - Ejemplo de comando para listar archivos:

   ```bash
   ls -l
   ```

2. **Scripting**
   - Permite automatizar tareas mediante la escritura de scripts. Estos son conjuntos de comandos almacenados en un archivo de texto.
   - Ejemplo de script básico:

   ```bash
   #!/bin/bash
   echo "Bienvenido al sistema"
   ```

3. **Control de Procesos**
   - Los usuarios pueden iniciar, detener o monitorear procesos desde el shell.
   - Ejemplo:

   ```bash
   kill -9 pid   # Detiene un proceso específico
   ```

4. **Redirección de Entrada y Salida**
   - El shell permite redirigir la salida de comandos o leer datos de archivos.
   - Ejemplo:

   ```bash
   ls > archivos.txt   # Guarda la lista de archivos en un archivo
   ```

3. Servicios en Linux: Procesos en Segundo Plano

Los **servicios** (también llamados demonios o *daemons*) son procesos que se ejecutan en segundo plano para proporcionar funcionalidades esenciales al sistema o a los usuarios.

Características de los Servicios

1. **Ejecución en Segundo Plano**
   - Los servicios no requieren interacción directa del usuario y se inician automáticamente al arrancar el sistema.
   - Ejemplo de un demonio común:
     - `sshd`: Maneja las conexiones SSH.
2. **Gestión de Recursos del Sistema**
   - Los servicios realizan tareas críticas, como la gestión de redes, almacenamiento o impresión.
3. **Configuración Flexible**
   - Pueden configurarse para iniciar, detenerse o reiniciarse manualmente según sea necesario.

Herramientas para Gestionar Servicios

1. **Systemd**
   - Es el gestor de servicios más utilizado en las distribuciones modernas de Linux.
   - Comandos comunes:

   ```bash
   systemctl start nombre_servicio   # Inicia un servicio
   systemctl stop nombre_servicio    # Detiene un servicio
   systemctl status nombre_servicio  # Verifica el estado de un servicio
   ```

2. **Otros Gestores de Servicios**
   - **SysVinit**: Utilizado en distribuciones más antiguas.
   - **Upstart**: Predecesor de Systemd.

Ejemplos de Servicios Comunes en Linux

1. **Red**
   - `NetworkManager`: Administra conexiones de red.
   - `dnsmasq`: Proporciona servicios de DNS y DHCP.
2. **Almacenamiento**
   - `NFS` y `Samba`: Permiten compartir archivos en red.
3. **Seguridad**
   - `firewalld` o `ufw`: Gestionan reglas de firewall.
4. **Acceso Remoto**
   - `sshd`: Permite conexiones seguras a través de SSH.

Sección 2: Fundamentos del Sistema Linux

4. Interacción entre Kernel, Shell y Servicios

1. **El Kernel como Base**
   - El kernel proporciona las capacidades fundamentales que el shell y los servicios utilizan para realizar tareas.
2. **El Shell como Interfaz**
   - Los usuarios interactúan con el shell para ejecutar comandos que solicitan al kernel realizar acciones específicas.
3. **Los Servicios como Extensiones**
   - Los servicios amplían las funcionalidades del sistema, ejecutándose en segundo plano para gestionar tareas automáticamente.

4.2. El Sistema de Archivos Jerárquico en Linux

El **sistema de archivos jerárquico** es uno de los pilares fundamentales del sistema operativo Linux. Es una estructura organizada en forma de árbol invertido que permite almacenar, gestionar y acceder a datos de manera eficiente. Este diseño jerárquico facilita la organización de archivos y directorios, asegurando que el sistema sea lógico, estandarizado y fácil de navegar.

En esta sección, exploraremos en detalle la estructura del sistema de archivos de Linux, los directorios más importantes, su propósito, y cómo los usuarios y administradores pueden trabajar con esta estructura de manera efectiva.

1. Visión General del Sistema de Archivos Jerárquico

1. **Estructura en Árbol Invertido**
   - En el sistema de archivos jerárquico de Linux, todos los archivos y directorios están organizados bajo un único directorio raíz (/).
   - Cada elemento en el sistema de archivos, ya sea un archivo, directorio o dispositivo, tiene su ubicación definida dentro de esta jerarquía.
2. **Normas y Estándares**
   - El diseño del sistema de archivos en Linux sigue el estándar **Filesystem Hierarchy Standard (FHS)**, que define la estructura y propósito de los directorios principales. Esto asegura consistencia entre diferentes distribuciones.

2. Directorio Raíz /

El directorio raíz (/) es el punto de partida de todo el sistema de archivos. Contiene los subdirectorios más importantes, cada uno con una función específica.

3. Principales Directorios en el Sistema de Archivos

A continuación, se detalla la funcionalidad de los directorios más importantes bajo /:

1. /bin

- **Propósito**: Contiene los binarios ejecutables esenciales para el sistema y los usuarios.
- **Ejemplo de Comandos**:
    - `ls, cp, mv, rm`.
- **Acceso**: Disponible para todos los usuarios.

2. /boot

- **Propósito**: Almacena archivos necesarios para el arranque del sistema, como el kernel, el gestor de arranque (GRUB) y otros archivos relacionados.
- **Ejemplo de Contenido**:
    - `vmlinuz` (imagen del kernel), `initrd.img`.

3. /dev

- **Propósito**: Contiene archivos de dispositivo, que representan dispositivos físicos o virtuales.
- **Ejemplo de Archivos**:
    - `/dev/sda` (disco duro), `/dev/tty` (terminales).
- **Nota**: Linux trata a los dispositivos como archivos para interactuar con ellos de manera uniforme.

4. /etc

- **Propósito**: Almacena archivos de configuración globales del sistema y las aplicaciones.
- **Ejemplo de Contenido**:
    - `/etc/passwd` (gestión de usuarios), `/etc/fstab` (montaje de sistemas de archivos).

5. /home

- **Propósito**: Directorios personales para cada usuario.
- **Ejemplo**:
    - `/home/usuario1, /home/usuario2`.
- **Beneficio**: Facilita la separación de los datos del usuario y los datos del sistema.

6. `/lib`

- **Propósito**: Contiene bibliotecas esenciales para los binarios almacenados en `/bin` y `/sbin`.
- **Ejemplo de Archivos**:
    - Librerías compartidas como `libc.so`.

7. `/media` y `/mnt`

- **Propósito**:
    - `/media`: Puntos de montaje automáticos para dispositivos extraíbles como USB o CDs.
    - `/mnt`: Punto de montaje temporal para sistemas de archivos o particiones manuales.

8. `/opt`

- **Propósito**: Directorio para instalar aplicaciones de terceros que no forman parte del sistema base.
- **Ejemplo**:
    - Software como **Google Chrome** o paquetes descargados manualmente.

9. `/proc`

- **Propósito**: Sistema de archivos virtual que proporciona información sobre el estado del sistema y los procesos en ejecución.
- **Ejemplo**:
    - `/proc/cpuinfo` (detalles del procesador), `/proc/meminfo` (información de la memoria).

10. `/root`

- **Propósito**: Directorio personal del superusuario (root).
- **Nota**: No debe confundirse con el directorio raíz (`/`).

11. `/sbin`

- **Propósito**: Contiene binarios esenciales para la administración del sistema, generalmente utilizados por el superusuario.
- **Ejemplo**:
    - `ifconfig`, `fsck`, `reboot`.

12. `/tmp`

- **Propósito**: Espacio para almacenar archivos temporales generados por aplicaciones y usuarios.
- **Nota**: El contenido se elimina al reiniciar el sistema en la mayoría de las configuraciones.

13. /usr

- **Propósito**: Almacena programas y datos de usuario que no son esenciales para el arranque del sistema.
- **Subdirectorios Comunes**:
    - /usr/bin (**programas**), /usr/lib (**bibliotecas**), /usr/share (**archivos compartidos**).

14. /var

- **Propósito**: Contiene datos variables como registros del sistema, archivos temporales de aplicaciones y colas de impresión.
- **Ejemplo de Archivos**:
    - /var/log/syslog (**registro del sistema**).

4. Características Clave del Sistema de Archivos Jerárquico

1. Todo es un Archivo

- En Linux, todo se representa como un archivo, incluidos dispositivos de hardware, sockets y procesos. Esto simplifica la interacción con el sistema.

2. Sistemas de Archivos Montables

- Los sistemas de archivos pueden montarse en cualquier punto de la jerarquía.
- Ejemplo:

```bash
mount /dev/sdb1 /mnt/usb
```

3. Soporte para Múltiples Sistemas de Archivos

- Linux admite una variedad de sistemas de archivos, como:
    - **ext4**: Sistema de archivos predeterminado en muchas distribuciones.
    - **XFS** y **Btrfs**: Para aplicaciones avanzadas.
    - **NTFS**: Para interoperabilidad con Windows.

4. Permisos de Archivos y Propiedad

- Los permisos definen quién puede leer, escribir o ejecutar un archivo.
- Ejemplo de permisos:

```bash
-rw-r--r-- 1 usuario grupo 1234 archivo.txt
```

  - **-rw-r--r--**: Permisos para el propietario, grupo y otros.

5. Enlaces Simbólicos y Duros

- **Enlace Simbólico**: Apunta a un archivo o directorio, similar a un acceso directo.

```bash
ln -s archivo_original enlace_simbólico
```

- **Enlace Duro**: Apunta al mismo inode que el archivo original.

5. Navegación y Administración del Sistema de Archivos

1. **Navegación Básica**
   - Comando para listar archivos:

     ```bash
     ls -l
     ```

   - Cambiar directorio:

     ```bash
     cd /home/usuario
     ```

2. **Montaje y Desmontaje**
   - Montar un sistema de archivos:

     ```bash
     sudo mount /dev/sda1 /mnt
     ```

   - Desmontar un sistema de archivos:

     ```bash
     sudo umount /mnt
     ```

3. **Gestión de Espacio**
   - Verificar el uso del disco:

     ```bash
     df -h
     ```

   - Monitorear el uso de directorios:

     ```bash
     du -sh /home/*
     ```

6. Seguridad en el Sistema de Archivos

1. **Gestión de Permisos**
   - Cambiar permisos:

     ```bash
     chmod 755 archivo.txt
     ```

   - Cambiar propietario:

     ```bash
     chown usuario:grupo archivo.txt
     ```

2. **Montaje Seguro**
   - Opciones como `noexec`, `nosuid` y `nodev` pueden aplicarse durante el montaje para restringir la ejecución de programas en particiones específicas.

4.3. Diferencias Clave entre Windows, macOS y Linux

Windows, macOS y Linux son tres de los sistemas operativos más utilizados en el mundo. Aunque cumplen funciones similares, presentan diferencias fundamentales en términos de filosofía, arquitectura, funcionalidad, y casos de uso. Estas diferencias impactan la forma en que los usuarios interactúan con el sistema, la flexibilidad que ofrecen y cómo se aplican en diferentes entornos, desde computadoras personales hasta servidores y dispositivos embebidos.

A continuación, analizaremos en profundidad las diferencias clave entre Windows, macOS y Linux, abordando aspectos como su diseño, licencias, seguridad, personalización, y más.

1. Filosofía y Modelo de Licencia

1.1. Linux: Libertad y Código Abierto

- **Modelo de Licencia**: Linux es un sistema operativo libre y de código abierto. Se distribuye bajo la Licencia Pública General de GNU (GPL), que garantiza a los usuarios la libertad de usar, modificar y redistribuir el software.
- **Filosofía**: Promueve la transparencia, la colaboración y la accesibilidad. Su comunidad global de desarrolladores contribuye a su desarrollo continuo.
- **Impacto**: Es utilizado ampliamente en servidores, dispositivos embebidos y como herramienta educativa debido a su costo cero y flexibilidad.

1.2. Windows: Software Propietario y Comercial

- **Modelo de Licencia**: Windows es un sistema operativo propietario desarrollado por Microsoft. Los usuarios deben adquirir una licencia para usarlo, y su código fuente no está disponible para modificaciones.
- **Filosofía**: Se enfoca en la facilidad de uso para el consumidor final, priorizando la compatibilidad de hardware y software.
- **Impacto**: Predominante en el mercado de consumo debido a su compatibilidad con aplicaciones populares y hardware variado.

1.3. macOS: Ecosistema Cerrado de Apple

- **Modelo de Licencia**: macOS es un sistema operativo propietario desarrollado exclusivamente para hardware Apple. Su código fuente es cerrado, aunque se basa en Unix y tecnologías de código abierto como Darwin.
- **Filosofía**: Ofrece una experiencia de usuario integrada y optimizada, controlando tanto el hardware como el software.
- **Impacto**: Popular en el ámbito creativo, como diseño gráfico, edición de video y música.

2. Arquitectura del Sistema

2.1. Linux: Modular y Personalizable

- **Kernel**: Linux utiliza un núcleo monolítico, lo que significa que todas las funciones del sistema están integradas en un solo núcleo, aunque puede ampliarse con módulos.

- **Estructura de Archivos**: Linux organiza todos los recursos en un sistema de archivos jerárquico, con el directorio raíz (/) como punto de partida.
- **Compatibilidad Multiplataforma**: Funciona en una amplia variedad de dispositivos, desde supercomputadoras hasta relojes inteligentes.

2.2. Windows: Arquitectura Integrada

- **Kernel**: Windows utiliza un núcleo híbrido que combina características de núcleos monolíticos y microkernels, ofreciendo equilibrio entre flexibilidad y estabilidad.
- **Registro del Sistema**: Windows almacena configuraciones del sistema en una base de datos centralizada llamada **registro**, lo que facilita la gestión pero puede ser un punto de falla.
- **Compatibilidad**: Diseñado para ser compatible con una amplia gama de hardware, desde PC de consumo hasta estaciones de trabajo avanzadas.

2.3. macOS: Diseño Basado en Unix

- **Kernel**: macOS utiliza un núcleo basado en Mach y tecnologías BSD, ofreciendo estabilidad y robustez.
- **Sistema de Archivos**: Usa el sistema **APFS** (Apple File System), optimizado para hardware Apple, especialmente discos SSD.
- **Ecosistema Cerrado**: Está diseñado específicamente para dispositivos Apple, garantizando una integración fluida pero limitando la flexibilidad.

3. Interfaz de Usuario (GUI) y Experiencia del Usuario (UX)

3.1. Linux: Versatilidad y Personalización

- **Entornos de Escritorio**: Ofrece una variedad de entornos de escritorio, como GNOME, KDE, XFCE y más, que permiten personalizar completamente la interfaz.
- **Flexibilidad**: Los usuarios pueden optar por interfaces gráficas ligeras o trabajar exclusivamente en la línea de comandos.
- **Curva de Aprendizaje**: Puede ser más complejo para usuarios novatos, pero es altamente configurable para adaptarse a diferentes necesidades.

3.2. Windows: Familiaridad y Simplicidad

- **Interfaz**: Windows proporciona una interfaz gráfica coherente y familiar, con el menú Inicio como elemento distintivo.

- **Enfoque en el Usuario Final**: Está diseñado para usuarios con pocos conocimientos técnicos, priorizando la facilidad de uso.
- **Limitaciones de Personalización**: Aunque ofrece algunas opciones de personalización, está más restringido en comparación con Linux.

3.3. macOS: Elegancia y Consistencia

- **Interfaz**: macOS presenta una interfaz gráfica minimalista y elegante, centrada en la consistencia y facilidad de uso.
- **Ecosistema Integrado**: La interfaz está diseñada para integrarse perfectamente con otros dispositivos Apple, como iPhones y iPads.
- **Opciones Limitadas**: Ofrece personalización básica, pero la experiencia está altamente controlada por Apple.

4. Seguridad y Privacidad

4.1. Linux: Seguridad por Diseño

- **Modelo Multiusuario**: La arquitectura de Linux está diseñada para ser multiusuario, limitando el acceso a recursos del sistema y reduciendo riesgos.
- **Código Abierto**: La transparencia permite que cualquier persona audite el código, identificando y solucionando vulnerabilidades rápidamente.
- **Impacto del Malware**: Aunque no es inmune, Linux es menos propenso a ataques de malware debido a su menor participación en el mercado de consumo.

4.2. Windows: Seguridad Mejorada pero Vulnerable

- **Popularidad como Objetivo**: La popularidad de Windows lo convierte en un objetivo principal para malware y ataques.
- **Mejoras Continuas**: Microsoft ha implementado herramientas como Windows Defender y actualizaciones automáticas para mejorar la seguridad.
- **Desventajas**: La dependencia de software propietario dificulta la detección de puertas traseras o vulnerabilidades ocultas.

4.3. macOS: Seguridad Basada en el Ecosistema

- **Modelo de Seguridad**: Apple controla estrictamente qué software se puede ejecutar en macOS, reduciendo los riesgos de malware.
- **Privacidad**: macOS prioriza la privacidad del usuario, ofreciendo herramientas avanzadas para el control de datos.

- **Riesgos**: Aunque menos común, el malware dirigido a macOS está en aumento.

5. Personalización y Flexibilidad

5.1. Linux: Máxima Flexibilidad

- **Personalización**: Permite modificar casi todos los aspectos del sistema, desde el entorno de escritorio hasta el kernel.
- **Distribuciones**: Existen cientos de distribuciones adaptadas a diferentes necesidades, como Ubuntu, Arch Linux o Kali Linux.
- **Código Abierto**: Los usuarios pueden modificar y redistribuir el software según sus necesidades.

5.2. Windows: Opciones Limitadas

- **Personalización Básica**: Permite cambiar el fondo de pantalla, temas y algunas configuraciones, pero está limitado en comparación con Linux.
- **Dependencia de Microsoft**: Los usuarios dependen de actualizaciones y herramientas proporcionadas por la empresa.

5.3. macOS: Experiencia Controlada

- **Consistencia**: Apple ofrece una experiencia optimizada con menos opciones de personalización.
- **Limitaciones**: Las restricciones aseguran estabilidad, pero sacrifican flexibilidad.

6. Aplicaciones y Software

6.1. Linux

- **Gestores de Paquetes**: Facilita la instalación y actualización de software a través de herramientas como APT, YUM o Pacman.
- **Software Libre**: Ofrece alternativas libres a la mayoría de las aplicaciones propietarias.
- **Compatibilidad**: Algunas aplicaciones populares no están disponibles de forma nativa, aunque herramientas como Wine permiten ejecutar software de Windows.

6.2. Windows

- **Compatibilidad**: Es compatible con la mayoría de las aplicaciones comerciales y videojuegos.
- **Microsoft Office**: Ofrece herramientas populares como Word y Excel, ampliamente utilizadas en el ámbito profesional.

6.3. macOS

- **Aplicaciones Creativas**: Es la plataforma preferida para aplicaciones como Final Cut Pro y Logic Pro.
- **Ecosistema Exclusivo**: Muchas aplicaciones están diseñadas exclusivamente para el ecosistema Apple.

7. Casos de Uso

Sistema Operativo	Casos de Uso Comunes
Linux	Servidores, desarrollo, educación, dispositivos embebidos.
Windows	Computación personal, videojuegos, aplicaciones empresariales.
macOS	Diseño gráfico, edición de video y música, ecosistema Apple.

Comandos Básicos del Terminal en Linux

El terminal en Linux es una herramienta poderosa que permite a los usuarios interactuar con el sistema operativo mediante comandos de texto. Aunque Linux ofrece entornos gráficos (GUIs), el terminal es esencial para tareas avanzadas como administración de sistemas, automatización de procesos y configuración del sistema. Aprender comandos básicos del terminal es fundamental para cualquier usuario que quiera aprovechar al máximo el poder de Linux.

A continuación, se presenta una guía extensa sobre los comandos básicos del terminal, organizados en categorías, con ejemplos prácticos y explicaciones detalladas.

1. Comandos de Navegación

Estos comandos permiten moverse por el sistema de archivos y explorar los directorios.

1.1. pwd (Print Working Directory)

- **Propósito**: Muestra la ruta completa del directorio actual.
- **Ejemplo**:

```bash
pwd
```

Salida:

```
arduino
/home/usuario
```

1.2. ls (List)

- **Propósito**: Lista los archivos y directorios en el directorio actual.
- **Opciones comunes**:
    - `-l`: Muestra detalles como permisos, propietario y tamaño.
    - `-a`: Incluye archivos ocultos.
- **Ejemplo**:

```bash
ls -la
```

1.3. cd (Change Directory)

- **Propósito**: Cambia al directorio especificado.
- **Ejemplos**:
    - Cambiar a un directorio específico:

    ```bash
    cd /home/usuario/documentos
    ```

    - Ir al directorio anterior:

    ```bash
    cd -
    ```

    - Volver al directorio raíz:

    ```bash
    cd /
    ```

1.4. tree

- **Propósito**: Muestra la estructura de directorios en forma de árbol (requiere instalación previa en algunas distribuciones).
- **Ejemplo**:

    bash

    tree

2. Comandos para Manipulación de Archivos y Directorios

2.1. touch

- **Propósito**: Crea un archivo vacío o actualiza la fecha de modificación de un archivo existente.
- **Ejemplo**:

    bash

    touch archivo.txt

2.2. mkdir (Make Directory)

- **Propósito**: Crea un nuevo directorio.
- **Opciones comunes**:
    - -p: Crea directorios padre automáticamente si no existen.
- **Ejemplo**:

    bash

    mkdir -p proyectos/nuevo

2.3. rm (Remove)

- **Propósito**: Elimina archivos o directorios.
- **Opciones comunes**:
    - -r: Elimina directorios de forma recursiva.
    - -f: Fuerza la eliminación sin confirmación.
- **Ejemplo**:

    bash

    rm -rf carpeta_antigua

2.4. cp *(Copy)*

- **Propósito**: Copia archivos o directorios.
- **Opciones comunes**:
    - `-r`: Copia directorios recursivamente.
- **Ejemplo**:

```bash
cp -r carpeta_original carpeta_copia
```

2.5. mv *(Move)*

- **Propósito**: Mueve o renombra archivos y directorios.
- **Ejemplos**:
    - Mover un archivo:

        ```bash
        mv archivo.txt /home/usuario/documentos
        ```

    - Renombrar un archivo:

        ```bash
        mv archivo_viejo.txt archivo_nuevo.txt
        ```

3. Comandos para Ver y Manipular Contenido

3.1. cat

- **Propósito**: Muestra el contenido de un archivo.
- **Ejemplo**:

```bash
cat archivo.txt
```

3.2. less

- **Propósito**: Permite visualizar archivos de texto grandes de manera interactiva.
- **Ejemplo**:

```bash
less archivo_grande.txt
```

3.3. `head` y `tail`

- **Propósito**: Muestran las primeras (`head`) o últimas (`tail`) líneas de un archivo.
- **Ejemplo**:

```bash
head -n 10 archivo.txt  # Muestra las primeras 10 líneas
tail -n 10 archivo.txt  # Muestra las últimas 10 líneas
```

3.4. `nano`, `vim`, y `gedit`
- **Propósito**: Editores de texto utilizados para modificar archivos.
- **Nano**: Editor simple en la terminal.
```bash
nano archivo.txt
```

- **Vim**: Editor avanzado, con un modo interactivo.

```bash
vim archivo.txt
```

- **Gedit**: Editor gráfico (requiere entorno gráfico).

```bash
gedit archivo.txt
```

4. Comandos de Gestión del Sistema

4.1. `sudo`

- **Propósito**: Ejecuta un comando con privilegios de superusuario.
- **Ejemplo**:

```bash
sudo apt update
```

4.2. `df`

- **Propósito**: Muestra el uso del espacio en disco.
- **Opciones comunes**:
    - `-h`: Muestra los tamaños en un formato legible.
- **Ejemplo**:

```bash
df -h
```

4.3. du

- **Propósito**: Calcula el espacio utilizado por un archivo o directorio.
- **Ejemplo**:

```bash
du -sh /home/usuario
```

4.4. top y htop

- **Propósito**: Monitorean procesos en tiempo real.
  - **Top**:

    ```bash
    top
    ```

  - **Htop** (requiere instalación previa):

    ```bash
    Htop
    ```

4.5. uptime

- **Propósito**: Muestra cuánto tiempo ha estado encendido el sistema y la carga promedio.
- **Ejemplo**:

```bash
uptime
```

5. Comandos de Red y Conexión

5.1. ping

- **Propósito**: Verifica la conectividad con una dirección IP o un dominio.
- **Ejemplo**:

```bash
ping google.com
```

5.2. ifconfig o ip

- **Propósito**: Muestra y configura interfaces de red.
  - Con **ifconfig**:

    ```bash
    ifconfig
    ```

  - Con **ip** (comando moderno):

    ```bash
    ip addr show
    ```

5.3. wget y curl

- **Propósito**: Descargan archivos desde la web.
  - **Wget**:

    ```bash
    wget https://example.com/archivo.zip
    ```

  - **Curl**:

    ```bash
    curl -O https://example.com/archivo.zip
    ```

6. Comandos para Gestión de Usuarios

6.1. whoami

- **Propósito**: Muestra el nombre del usuario actual.
- **Ejemplo**:

  ```bash
  Whoami
  ```

6.2. id

- **Propósito**: Muestra el ID del usuario y su grupo.
- **Ejemplo**:

  ```bash
  id usuario
  ```

6.3. passwd

- **Propósito**: Cambia la contraseña de un usuario.
- **Ejemplo**:

  bash

  Passwd

6.4. adduser y deluser

- **Propósito**: Añade o elimina usuarios del sistema.
  - Añadir un usuario:

    bash

    sudo adduser nuevo_usuario

  - Eliminar un usuario:

    bash

    sudo deluser usuario

7. Redirección y Tuberías

7.1. Redirección de Salida

- **Propósito**: Guarda la salida de un comando en un archivo.
- **Ejemplo**:

  bash

  ls > lista_archivos.txt

7.2. Tuberías (|)

- **Propósito**: Conecta la salida de un comando con la entrada de otro.
- **Ejemplo**:

  bash

  ls | grep archivo

8. Otros Comandos Útiles

8.1. `history`

- **Propósito**: Muestra el historial de comandos ejecutados.
- **Ejemplo**:

    ```bash
    history
    ```

```markdown
#### 8.2. `clear`
- **Propósito**: Limpia la pantalla del terminal para mayor claridad.
- **Ejemplo**:
```bash
Clear
```

8.3. `echo`

- **Propósito**: Imprime texto o valores en la terminal.
- **Ejemplo**:

    ```bash
    echo "Hola, mundo"
    ```

8.4. `alias`

- **Propósito**: Crea accesos directos para comandos largos o complejos.
- **Ejemplo**:

    ```bash
    alias actualizar='sudo apt update && sudo apt upgrade -y'
    ```

8.5. `uname`

- **Propósito**: Muestra información sobre el sistema.
- **Ejemplo**:

    ```bash
    uname -a
    ```

9. Automatización con Scripts

El terminal permite la creación de scripts para automatizar tareas repetitivas.
    ```

Ejemplo de Script Básico

1. Crear un archivo de script:

   bash

   ```
   nano mi_script.sh
   ```

2. Escribir comandos en el archivo:

   bash

   ```
   #!/bin/bash
   echo "Este es un script básico"
   ls -l
   ```

3. Dar permisos de ejecución:

   bash

   ```
   chmod +x mi_script.sh
   ```

4. Ejecutar el script:

   bash

   ```
   ./mi_script.sh
   ```

5.1. Navegación en el Sistema de Archivos en Linux

El sistema de archivos de Linux sigue una estructura jerárquica, organizada como un árbol invertido que comienza en el directorio raíz (/). Navegar por esta estructura es una de las tareas más comunes y esenciales para cualquier usuario de Linux, ya sea desde una interfaz gráfica o mediante la terminal. La navegación eficiente a través del terminal permite acceder, gestionar y manipular archivos y directorios de manera más precisa y rápida.

En esta sección, exploraremos en profundidad los comandos y técnicas utilizados para navegar en el sistema de archivos, brindando ejemplos prácticos y explicaciones detalladas.

1. Conceptos Básicos de la Navegación en el Sistema de Archivos

1. **Directorios y Rutas**

- El sistema de archivos está compuesto por directorios (también llamados carpetas) y archivos.
- Las rutas pueden ser:
  - **Absolutas**: Comienzan desde el directorio raíz (/) y especifican la ubicación completa. Ejemplo:

    ```
    arduino
    ```

    ```
    /home/usuario/documentos
    ```

  - **Relativas**: Se basan en el directorio actual (.) y el directorio padre (..). Ejemplo:

    ```
    bash
    ```

    ```
    ../documentos
    ```

2. **Directorios Especiales**
   - .: Representa el directorio actual.
   - ..: Representa el directorio padre.
   - /: Representa el directorio raíz del sistema.

2. Comandos Básicos para la Navegación

2.1. pwd (Print Working Directory)

- **Propósito**: Muestra la ruta completa del directorio actual.
- **Uso**:

  ```bash
  pwd
  ```

- **Ejemplo**:

  ```bash
  /home/usuario
  ```

2.2. ls (List)

- **Propósito**: Lista el contenido del directorio actual.
- **Opciones comunes**:
  - -l: Lista en formato largo con detalles como permisos, propietario y tamaño.
  - -a: Incluye archivos ocultos (que comienzan con .).
  - -h: Muestra los tamaños en un formato legible (human-readable).
- **Uso**:

```bash
ls -la
```

- **Salida de Ejemplo:**

```yaml
drwxr-xr-x  2 usuario grupo 4096 dic  3 10:00 documentos
-rw-r--r--  1 usuario grupo 1024 dic  3 10:00 archivo.txt
```

2.3. cd (Change Directory)

- **Propósito**: Cambia el directorio actual a otro especificado.
- **Sintaxis**:

```bash
cd [directorio]
```

- **Ejemplos**:
    - Cambiar a un directorio específico:

    ```bash
    cd /home/usuario/documentos
    ```

    - Ir al directorio raíz:

    ```bash
    cd /
    ```

    - Volver al directorio anterior:

    ```bash
    cd -
    ```

2.4. tree

- **Propósito**: Muestra la estructura de directorios en forma de árbol.
- **Requisito**: Puede requerir instalación previa:

```bash
sudo apt install tree
```

- **Uso**:

```bash
tree /home/usuario
```

- **Salida de Ejemplo:**

```
arduino

/home/usuario
├── documentos
│   ├── archivo1.txt
│   └── archivo2.txt
└── imágenes
    └── foto.png
```

3. Navegación con Rutas Absolutas y Relativas

3.1. Rutas Absolutas

- Comienzan desde el directorio raíz (/) y especifican la ubicación completa del archivo o directorio.
- Ejemplo:

    ```bash
    cd /etc
    ```

3.2. Rutas Relativas

- Se basan en el directorio actual (.) y el directorio padre (..).
- Ejemplo:
    - Subir un nivel y cambiar a un directorio hermano:

        ```bash
        cd ../hermano
        ```

4. Uso de Wildcards (Comodines)

Los comodines son útiles para trabajar con múltiples archivos o directorios que coincidan con un patrón.

*4.1. * (Cualquier Cadena)*

- Representa cualquier cadena de caracteres.
- Ejemplo:

    ```bash
    ls archivo*
    ```

4.2. ? (Un Solo Carácter)

- Representa un carácter único.
- Ejemplo:

```bash
ls archivo?.txt
```

4.3. [] (Rangos)

- Representa un conjunto de caracteres.
- Ejemplo:

```bash
ls archivo[1-3].txt
```

5. Comandos Avanzados de Navegación

5.1. find

- **Propósito**: Busca archivos o directorios en una ubicación especificada.
- **Uso Básico**:

```bash
find /home/usuario -name "archivo.txt"
```

- **Buscar por tipo**:
    - Directorios:

    ```bash
    find /home -type d -name "proyecto"
    ```

    - Archivos:

    ```bash
    find /home -type f -name "*.txt"
    ```

5.2. locate

- **Propósito**: Busca archivos rápidamente utilizando una base de datos indexada.
- **Requisito**: Puede requerir instalación previa y actualización de la base de datos:

```bash
```

```
sudo apt install mlocate
sudo updatedb
```

- **Uso**:

    bash

    ```
    locate archivo.txt
    ```

5.3. which

- **Propósito**: Muestra la ubicación de un ejecutable en el sistema.
- **Uso**:

    bash

    ```
    which ls
    ```

5.4. realpath

- **Propósito**: Obtiene la ruta absoluta de un archivo o directorio.
- **Uso**:

    bash

    ```
    realpath archivo.txt
    ```

6. Visualización del Estado del Sistema de Archivos

6.1. df (Disk Free)

- **Propósito**: Muestra el uso del espacio en disco para los sistemas de archivos montados.
- **Uso**:

    bash

    ```
    df -h
    ```

- **Salida de Ejemplo**:

    bash

    ```
    Filesystem      Size  Used Avail Use% Mounted on
    /dev/sda1       50G   25G   25G  50% /
    ```

6.2. du (Disk Usage)

- **Propósito**: Muestra el espacio utilizado por archivos y directorios.

- **Opciones comunes**:
    - `-h`: Tamaños legibles.
    - `-s`: Resumen total.
- **Ejemplo**:

```bash
du -sh /home/usuario
```

7. Consejos para Navegación Eficiente

1. **Autocompletado**
    - Presiona `Tab` para completar automáticamente nombres de directorios o archivos:

    ```bash
    cd /etc/pa[TAB]
    ```

    - Completa a `/etc/passwd`.
2. **Alias Personalizados**
    - Crea alias para comandos frecuentes:

    ```bash
    alias docs='cd /home/usuario/documentos'
    ```

3. **Historial de Comandos**
    - Usa las teclas de flecha arriba (↑) y abajo (↓) para navegar por comandos previos.

5.2. Operaciones con Archivos y Directorios en Linux

El manejo de archivos y directorios es una de las tareas más básicas y esenciales en cualquier sistema operativo. En Linux, estas operaciones se realizan principalmente a través de comandos en la terminal, lo que permite a los usuarios tener un control completo y preciso sobre sus datos. Desde crear y eliminar archivos hasta copiar y mover directorios, estas operaciones son fundamentales para gestionar el sistema de archivos.

A continuación, exploraremos en detalle las operaciones más comunes con archivos y directorios en Linux, proporcionando ejemplos prácticos y explicaciones para cada caso.

1. Creación de Archivos y Directorios

1.1. `touch` (Crear Archivos Vacíos)

- **Propósito**: Crea un archivo vacío o actualiza la fecha y hora de modificación de un archivo existente.
- **Uso**:

```bash
touch archivo.txt
```

- **Ejemplo**:
    - Crear varios archivos:

    ```bash
    touch archivo1.txt archivo2.txt archivo3.txt
    ```

1.2. `mkdir` (Crear Directorios)

- **Propósito**: Crea un nuevo directorio.
- **Opciones comunes**:
    - `-p`: Crea directorios junto con sus subdirectorios si no existen.
- **Uso**:

```bash
mkdir proyecto
```

- **Ejemplo**:
    - Crear una estructura de directorios:

    ```bash
    mkdir -p proyecto/codigo/fuentes
    ```

2. Visualización del Contenido

2.1. `ls` (Listar Contenido)

- **Propósito**: Muestra el contenido de un directorio.
- **Opciones comunes**:
    - `-l`: Lista en formato largo con detalles.
    - `-a`: Incluye archivos ocultos.
- **Uso**:

```bash
ls -la
```

2.2. `tree` (Estructura en Árbol)

- **Propósito**: Muestra la estructura de directorios en forma de árbol.
- **Uso**:

```bash
tree proyecto
```

3. Copiar Archivos y Directorios

3.1. `cp` (Copiar)

- **Propósito**: Copia archivos o directorios.
- **Opciones comunes**:
    - `-r`: Copia directorios de forma recursiva.
    - `-v`: Muestra detalles de las operaciones.
- **Uso**:

```bash
cp archivo.txt copia_archivo.txt
```

- **Ejemplo**:
    - Copiar un directorio completo:

    ```bash
    cp -r proyecto proyecto_backup
    ```

3.2. `rsync` (Sincronización y Copia)

- **Propósito**: Copia y sincroniza archivos y directorios, mostrando progreso.
- **Uso**:

```bash
rsync -av proyecto/ proyecto_backup/
```

4. Mover y Renombrar Archivos y Directorios

4.1. mv (Mover o Renombrar)

- **Propósito**: Mueve archivos/directorios a una nueva ubicación o cambia su nombre.
- **Uso**:
    - Renombrar un archivo:

        bash

        ```
        mv archivo_viejo.txt archivo_nuevo.txt
        ```

    - Mover un archivo:

        bash

        ```
        mv archivo.txt /home/usuario/documentos
        ```

    - Mover y renombrar un archivo:

        bash

        ```
        mv archivo.txt /home/usuario/documentos/archivo_renombrado.txt
        ```

5. Eliminar Archivos y Directorios

5.1. rm (Eliminar Archivos)

- **Propósito**: Elimina archivos o directorios.
- **Opciones comunes**:
    - `-r`: Elimina directorios recursivamente.
    - `-f`: Fuerza la eliminación sin confirmación.
- **Uso**:

    bash

    ```
    rm archivo.txt
    ```

- **Ejemplo**:
    - Eliminar un directorio completo:

        bash

        ```
        rm -rf proyecto_backup
        ```

5.2. rmdir (Eliminar Directorios Vacíos)

- **Propósito**: Elimina directorios que estén vacíos.
- **Uso**:

```bash
rmdir directorio_vacio
```

6. Mostrar Contenido de Archivos

6.1. cat

- **Propósito**: Muestra el contenido de un archivo en la terminal.
- **Uso**:

```bash
cat archivo.txt
```

6.2. less

- **Propósito**: Muestra el contenido de un archivo de manera interactiva, permitiendo desplazamiento.
- **Uso**:

```bash
less archivo_grande.txt
```

6.3. head y tail

- **Propósito**: Muestran las primeras (`head`) o últimas (`tail`) líneas de un archivo.
- **Uso**:
    - Primeras 10 líneas:

    ```bash
    head -n 10 archivo.txt
    ```

    - Últimas 20 líneas:

    ```bash
    tail -n 20 archivo.txt
    ```

7. Buscar Archivos

7.1. find

- **Propósito**: Busca archivos o directorios según criterios específicos.
- **Uso**:

```bash
find /home/usuario -name "archivo.txt"
```

7.2. locate

- **Propósito**: Busca archivos rápidamente utilizando una base de datos indexada.
- **Requisito**: Actualizar la base de datos:

```bash
sudo updatedb
```

- **Uso**:

```bash
locate archivo.txt
```

8. Cambiar Propietario y Permisos

8.1. chmod (Cambiar Permisos)

- **Propósito**: Cambia los permisos de un archivo o directorio.
- **Uso**:
  - Dar permisos de lectura, escritura y ejecución al propietario:

    ```bash
    chmod 700 archivo.txt
    ```

8.2. chown (Cambiar Propietario)

- **Propósito**: Cambia el propietario o grupo de un archivo/directorio.
- **Uso**:

```bash
chown usuario:grupo archivo.txt
```

9. Comandos para Comprimir y Descomprimir

9.1. `tar` (Archivar y Comprimir)

- **Propósito**: Empaqueta múltiples archivos en un archivo comprimido.
- **Uso**:
    - Crear un archivo comprimido:

    ```bash
    tar -czvf archivo.tar.gz proyecto/
    ```

    - Extraer un archivo comprimido:

    ```bash
    tar -xzvf archivo.tar.gz
    ```

9.2. `zip` y `unzip`

- **Propósito**: Comprimir y descomprimir archivos ZIP.
- **Uso**:

```bash
zip archivo.zip archivo.txt
unzip archivo.zip
```

Consejos para Operaciones Eficientes

1. **Autocompletado**: Usa la tecla `Tab` para completar automáticamente nombres de archivos y directorios.
2. **Historial de Comandos**: Navega por comandos previos con las flechas arriba (↑) y abajo (↓).
3. **Wildcards (Comodines)**: Utiliza `*` y `?` para trabajar con patrones.
    - Ejemplo:

    ```bash
    rm archivo_*.txt
    ```

5.3. Gestión de Permisos y Usuarios en Linux

La gestión de permisos y usuarios es fundamental para garantizar la seguridad, privacidad y funcionalidad de un sistema Linux. Este modelo permite controlar qué usuarios tienen acceso a qué recursos (archivos, directorios, dispositivos) y en qué capacidad (lectura, escritura, ejecución). Linux utiliza un modelo de permisos basado en usuarios, grupos y niveles de acceso, que se combina con herramientas para administrar cuentas de usuario y grupos.

A continuación, se describe en detalle cómo gestionar permisos y usuarios en Linux, con ejemplos prácticos y explicaciones de los comandos más importantes.

1. Modelo de Permisos en Linux

El modelo de permisos en Linux se basa en tres conceptos clave: **usuarios**, **grupos** y **otros**. Cada archivo o directorio tiene asignados tres tipos de permisos para estos actores.

1.1. Tipos de Permisos

1. **Lectura (r)**
   - Permite ver el contenido de un archivo o listar un directorio.
2. **Escritura (w)**
   - Permite modificar un archivo o añadir/eliminar contenido en un directorio.
3. **Ejecución (x)**
   - Permite ejecutar un archivo como programa o acceder a un directorio.

1.2. Niveles de Permisos

1. **Usuario (Owner)**: El propietario del archivo.
2. **Grupo**: Un grupo de usuarios al que pertenece el archivo.
3. **Otros**: Todos los demás usuarios.

1.3. Visualización de Permisos

El comando `ls -l` muestra los permisos de los archivos:

```bash
ls -l
```

Salida de Ejemplo:

```diff
-rwxr-xr--  1 usuario grupo 1234 dic  3 10:00 archivo.txt
```

- **-rwxr-xr--**:
  - rwx: Permisos del propietario.

- o `r-x`: Permisos del grupo.
- o `r--`: Permisos para otros.
- **`usuario`**: Propietario.
- **`grupo`**: Grupo propietario.

2. Cambiar Permisos de Archivos y Directorios

2.1. Comando `chmod` (Change Mode)

- **Propósito**: Modifica los permisos de un archivo o directorio.

Cambiar Permisos con Notación Simbólica

- Sintaxis:

    bash

    chmod [quién][acción][permiso] archivo

    - o **Quién**:
        - u: Usuario.
        - g: Grupo.
        - o: Otros.
        - a: Todos.
    - o **Acción**:
        - +: Añadir permiso.
        - -: Quitar permiso.
        - =: Asignar permisos.
- Ejemplo:
    - o Dar permisos de ejecución al propietario:

        bash

        chmod u+x archivo.txt

    - o Quitar permisos de escritura para otros:

        bash

        chmod o-w archivo.txt

Cambiar Permisos con Notación Numérica

- Cada permiso tiene un valor numérico:
    - o r: 4, w: 2, x: 1.
- Los valores se suman para establecer permisos:

- o rwx: 7 (4+2+1), rw-: 6 (4+2), r--: 4.
- Ejemplo:
  - o Permitir lectura, escritura y ejecución para el usuario; lectura y ejecución para el grupo; solo lectura para otros:

    ```bash
    chmod 754 archivo.txt
    ```

3. Cambiar Propietarios y Grupos

3.1. Comando chown (Change Ownership)

- **Propósito**: Cambia el propietario o grupo de un archivo o directorio.
- **Uso Básico**:

  ```bash
  chown nuevo_usuario archivo.txt
  ```

- **Cambiar Usuario y Grupo**:

  ```bash
  chown usuario:grupo archivo.txt
  ```

- **Recursivo** (para directorios y su contenido):

  ```bash
  chown -R usuario:grupo directorio
  ```

3.2. Comando chgrp (Change Group)

- **Propósito**: Cambia el grupo propietario de un archivo o directorio.
- **Uso**:

  ```bash
  chgrp nuevo_grupo archivo.txt
  ```

4. Administración de Usuarios

4.1. Comando `adduser` *o* `useradd`

- **Propósito**: Crea nuevos usuarios en el sistema.
- `adduser`: Más amigable e interactivo.

    bash

    ```
    sudo adduser nuevo_usuario
    ```

- `useradd`: Más flexible, requiere parámetros explícitos.

    bash

    ```
    sudo useradd -m nuevo_usuario
    ```

4.2. Comando `passwd`

- **Propósito**: Establece o cambia la contraseña de un usuario.
- **Uso**:

    bash

    ```
    sudo passwd usuario
    ```

4.3. Comando `deluser` *o* `userdel`

- **Propósito**: Elimina usuarios del sistema.
- **Uso**:

    bash

    ```
    sudo deluser usuario
    ```

- **Eliminar usuario y su directorio personal**:

    bash

    ```
    sudo userdel -r usuario
    ```

5. Administración de Grupos

5.1. Comando `groupadd`

- **Propósito**: Crea un nuevo grupo.
- **Uso**:

    bash

```
sudo groupadd nuevo_grupo
```

5.2. Comando usermod

- **Propósito**: Modifica la configuración de un usuario.
- **Añadir un usuario a un grupo**:

    bash

    ```
    sudo usermod -aG grupo usuario
    ```

5.3. Comando groups

- **Propósito**: Muestra los grupos a los que pertenece un usuario.
- **Uso**:

    bash

    ```
    groups usuario
    ```

5.4. Comando groupdel

- **Propósito**: Elimina un grupo.
- **Uso**:

    bash

    ```
    sudo groupdel grupo
    ```

6. Máscaras de Permisos (Umask)

6.1. ¿Qué es Umask?

- Es un valor predeterminado que define los permisos iniciales para nuevos archivos y directorios.

6.2. Ver el Valor Actual
bash

```
Umask
```

6.3. Cambiar el Valor de Umask
bash

```
umask 022
```

- Este valor asegura que los nuevos archivos tengan permisos `rw-r--r--`.

7. Seguridad Avanzada: ACLs (Access Control Lists)

7.1. ¿Qué son las ACLs?

- Permiten asignar permisos específicos a usuarios o grupos adicionales, más allá de los propietarios y grupos estándar.

7.2. Configurar ACL

- Habilitar permisos para un usuario:

    ```bash
    setfacl -m u:usuario:rwx archivo.txt
    ```

- Ver permisos ACL:

    ```bash
    getfacl archivo.txt
    ```

7.3. Eliminar ACL
```bash
setfacl -b archivo.txt
```

8. Prácticas Recomendadas para la Gestión de Permisos y Usuarios

1. **Principio de Mínimos Privilegios**: Asigna solo los permisos necesarios para cada usuario.
2. **Organización por Grupos**: Utiliza grupos para gestionar permisos de forma más eficiente.
3. **Auditoría Regular**: Revisa periódicamente permisos y accesos para garantizar la seguridad.
4. **Uso de ACLs**: Emplea ACLs para manejar situaciones complejas de permisos.

6.1. Introducción a los Entornos de Escritorio en Linux

Los entornos de escritorio son una parte esencial de las distribuciones de Linux para los usuarios que prefieren interactuar con el sistema a través de una interfaz gráfica (GUI) en lugar de utilizar únicamente la terminal. Un entorno de escritorio proporciona un conjunto completo de herramientas gráficas que incluyen ventanas, menús, escritorios virtuales y aplicaciones preinstaladas, todo diseñado para facilitar el uso y la productividad.

En esta sección, exploraremos qué son los entornos de escritorio, cómo funcionan, sus componentes principales y una visión general de los entornos de escritorio más populares en Linux.

1. ¿Qué es un Entorno de Escritorio?

Un **entorno de escritorio** (Desktop Environment, DE) es una colección de aplicaciones, librerías y herramientas gráficas que trabajan juntas para ofrecer una experiencia de usuario amigable y coherente. Funciona sobre un servidor gráfico como **X11** o **Wayland** y se integra con el núcleo del sistema operativo para permitir la interacción visual con Linux.

Componentes Principales de un Entorno de Escritorio

1. **Gestor de Ventanas**
   - Controla la disposición, el comportamiento y el aspecto de las ventanas en la pantalla.
   - Ejemplo: **Mutter** en GNOME, **KWin** en KDE, **Openbox** en LXDE.
2. **Paneles y Menús**
   - Proporcionan acceso rápido a aplicaciones, configuraciones del sistema y escritorios virtuales.
3. **Gestor de Archivos**
   - Permite navegar, abrir, mover y gestionar archivos y directorios.
   - Ejemplo: **Nautilus** (GNOME), **Dolphin** (KDE), **Thunar** (XFCE).
4. **Escritorios Virtuales**
   - Ofrecen múltiples áreas de trabajo para organizar tareas y ventanas abiertas.
5. **Aplicaciones Integradas**
   - Herramientas básicas como editores de texto, reproductores multimedia, navegadores y configuradores del sistema.
6. **Temas e Iconos**
   - Permiten personalizar la apariencia del escritorio, incluyendo colores, estilos de ventana y conjuntos de iconos.

2. Cómo Funcionan los Entornos de Escritorio

Un entorno de escritorio se basa en un servidor gráfico que administra la comunicación entre el hardware gráfico y el sistema operativo. Los dos principales servidores gráficos en Linux son:

1. **X11 (X.Org)**
   - Ha sido el estándar durante décadas. Es estable y ampliamente compatible.
   - Desventaja: Puede ser menos eficiente en términos de rendimiento.
2. **Wayland**
   - Un servidor gráfico más moderno, diseñado para ser más seguro y eficiente.
   - Ventaja: Mejor soporte para monitores de alta resolución y animaciones fluidas.

Los entornos de escritorio funcionan como una capa adicional sobre el servidor gráfico, gestionando la interacción visual y ofreciendo aplicaciones integradas para una experiencia completa.

3. Beneficios de los Entornos de Escritorio en Linux

1. **Accesibilidad**
   - Facilitan el uso de Linux para principiantes que no están familiarizados con la terminal.
2. **Productividad**
   - Proporcionan herramientas gráficas para tareas como edición de texto, gestión de archivos, navegación web y configuración del sistema.
3. **Personalización**
   - Permiten personalizar la apariencia y funcionalidad del escritorio para adaptarse a las preferencias del usuario.
4. **Variedad**
   - Los usuarios pueden elegir entre múltiples entornos de escritorio según sus necesidades y el rendimiento de su hardware.

4. Principales Entornos de Escritorio en Linux

4.1. GNOME

- **Características**:
  - Diseño moderno y minimalista con un enfoque en la simplicidad.
  - Uso intensivo de animaciones y una barra superior para notificaciones y accesos rápidos.
  - Gestor de ventanas: **Mutter**.
  - Gestor de archivos: **Nautilus**.
- **Ventajas**:

- Muy intuitivo y fácil de usar para principiantes.
- Integración con Wayland para un rendimiento fluido.
- **Distribuciones Populares**: Ubuntu (por defecto), Fedora.

4.2. KDE Plasma

- **Características**:
  - Altamente personalizable con un diseño más tradicional similar a Windows.
  - Integra aplicaciones gráficas avanzadas como **Krita** y **Kdenlive**.
  - Gestor de ventanas: **KWin**.
  - Gestor de archivos: **Dolphin**.
- **Ventajas**:
  - Ligero y rápido, pero repleto de funciones.
  - Perfecto para usuarios avanzados que desean personalizar cada aspecto.
- **Distribuciones Populares**: Kubuntu, openSUSE.

4.3. XFCE

- **Características**:
  - Enfocado en la ligereza y velocidad, ideal para hardware antiguo o limitado.
  - Diseño simple y funcional.
  - Gestor de ventanas: **Xfwm**.
  - Gestor de archivos: **Thunar**.
- **Ventajas**:
  - Requiere pocos recursos del sistema.
  - Fácil de configurar y mantener.
- **Distribuciones Populares**: Xubuntu, Manjaro XFCE.

4.4. LXDE / LXQt

- **Características**:
  - Uno de los entornos más ligeros disponibles.
  - LXQt es una versión moderna basada en **Qt**, mientras que LXDE utiliza **GTK+**.
  - Gestor de ventanas: **Openbox**.
  - Gestor de archivos: **PCManFM**.
- **Ventajas**:
  - Ideal para equipos muy antiguos o de bajo rendimiento.
  - Rápido y eficiente.
- **Distribuciones Populares**: Lubuntu, Debian con LXDE.

4.5. Cinnamon

- **Características**:
  - Derivado de GNOME, diseñado para una experiencia clásica y fácil de usar.
  - Integra elementos tradicionales como un menú de aplicaciones y una barra de tareas.

- Gestor de ventanas: **Muffin**.
- Gestor de archivos: **Nemo**.
- **Ventajas**:
  - Experiencia intuitiva para usuarios de Windows.
  - Altamente personalizable.
- **Distribuciones Populares**: Linux Mint.

4.6. Mate

- **Características**:
  - Derivado de GNOME 2, con un enfoque en un diseño clásico y simplicidad.
  - Liviano pero funcional.
  - Gestor de ventanas: **Marco**.
  - Gestor de archivos: **Caja**.
- **Ventajas**:
  - Ideal para hardware más antiguo.
  - Mantiene la experiencia de usuario de GNOME 2.
- **Distribuciones Populares**: Ubuntu MATE.

5. Selección de un Entorno de Escritorio

La elección del entorno de escritorio depende de varios factores, incluyendo el hardware disponible, las necesidades del usuario y las preferencias personales.

Factores a Considerar

1. **Rendimiento**:
   - Hardware antiguo o limitado: LXDE, XFCE.
   - Hardware moderno: GNOME, KDE Plasma.
2. **Facilidad de Uso**:
   - Usuarios nuevos: Cinnamon, GNOME.
   - Usuarios avanzados: KDE Plasma.
3. **Compatibilidad**:
   - Algunos entornos son más compatibles con aplicaciones específicas o configuraciones de hardware.

6. Instalar o Cambiar un Entorno de Escritorio

En Linux, es posible instalar y cambiar entre entornos de escritorio en una misma distribución.

Instalación

- **Ejemplo en Ubuntu:**

  bash

  sudo apt install kubuntu-desktop

Selección

- En la pantalla de inicio de sesión, elige el entorno de escritorio deseado desde el selector de sesión.

6.2. GNOME, KDE y Otros Entornos Populares en Linux

En el ecosistema Linux, los **entornos de escritorio** (Desktop Environments, DE) proporcionan interfaces gráficas que permiten a los usuarios interactuar con el sistema operativo de manera visual. Entre los más destacados se encuentran **GNOME** y **KDE Plasma**, que son reconocidos por su versatilidad, diseño y funcionalidades. Además, existen otros entornos de escritorio que, aunque menos conocidos, son muy populares en ciertos nichos debido a sus características únicas.

A continuación, analizaremos en profundidad **GNOME**, **KDE Plasma** y otros entornos populares, destacando sus características, ventajas, desventajas, casos de uso y las distribuciones que los implementan.

1. GNOME: Simplicidad y Modernidad

1.1. Introducción

GNOME (GNU Network Object Model Environment) es uno de los entornos de escritorio más populares en el ecosistema Linux. Está diseñado para ofrecer una experiencia de usuario moderna, minimalista e intuitiva. GNOME es el entorno predeterminado en muchas distribuciones importantes, como Ubuntu y Fedora.

1.2. Características Principales

1. **Interfaz Limpia y Moderna**
   - Usa una barra superior para notificaciones, accesos rápidos y un menú de actividades.

- No incluye un menú tradicional de aplicaciones, optando por un lanzador de aplicaciones tipo *grid*.
2. **Flujo de Trabajo Centrado en la Productividad**
    - Incluye escritorios virtuales para organizar tareas y ventanas.
    - Permite la búsqueda rápida de aplicaciones y archivos desde la interfaz de actividades.
3. **Soporte para Wayland**
    - Integra Wayland como servidor gráfico predeterminado, mejorando la fluidez y seguridad.
4. **Gestor de Ventanas: Mutter**
    - Administra ventanas con efectos visuales suaves y transiciones modernas.
5. **Gestor de Archivos: Nautilus**
    - Simplificado, pero funcional, facilita la navegación por archivos.

1.3. Ventajas

- Diseño intuitivo y moderno.
- Integración estrecha con tecnologías avanzadas como Wayland.
- Comunidad activa y soporte continuo.

1.4. Desventajas

- Mayor consumo de recursos en comparación con entornos ligeros.
- Opciones de personalización limitadas sin herramientas adicionales como **GNOME Tweaks**.

1.5. Distribuciones Populares que Usan GNOME

- **Ubuntu** (por defecto desde la versión 17.10).
- **Fedora**.
- **Debian**.

2. KDE Plasma: Flexibilidad y Personalización

2.1. Introducción

KDE Plasma es conocido por su diseño elegante, alto nivel de personalización y eficiencia. Es ideal para usuarios avanzados que desean configurar cada aspecto del entorno a su gusto.

2.2. Características Principales

1. **Interfaz Clásica y Familiar**
   - Dispone de un menú de aplicaciones similar al de Windows, con una barra de tareas y paneles configurables.
2. **Altamente Personalizable**
   - Cada componente de KDE, desde los paneles hasta los widgets, puede ajustarse a las preferencias del usuario.
   - Soporta temas, esquemas de color e iconos personalizados.
3. **Gestor de Ventanas: KWin**
   - Permite efectos avanzados, como animaciones y transparencias, sin sacrificar rendimiento.
4. **Gestor de Archivos: Dolphin**
   - Una de las herramientas más potentes de su tipo, incluye pestañas, vista dividida y acceso rápido a protocolos de red.
5. **Aplicaciones Integradas**
   - KDE ofrece un conjunto de aplicaciones nativas, como:
     - **Okular**: Visor de documentos.
     - **Krita**: Software de diseño gráfico.
     - **Kdenlive**: Editor de video.

2.3. Ventajas

- Enorme capacidad de personalización.
- Gran cantidad de aplicaciones nativas de alta calidad.
- Eficiencia en hardware moderno.

2.4. Desventajas

- Puede ser abrumador para usuarios novatos debido a las numerosas opciones.
- Requiere un hardware decente para aprovechar todas sus características visuales.

2.5. Distribuciones Populares que Usan KDE Plasma

- **Kubuntu**.
- **openSUSE**.
- **Manjaro KDE**.

3. Otros Entornos Populares

3.1. XFCE: Ligero y Funcional

- **Introducción**: Diseñado para ofrecer un equilibrio entre funcionalidad y rendimiento, XFCE es ideal para equipos antiguos o sistemas con recursos limitados.
- **Características**:
    - Gestor de Ventanas: **Xfwm**.
    - Gestor de Archivos: **Thunar**.
    - Enfoque en la simplicidad y estabilidad.
- **Distribuciones Populares**:
    - Xubuntu.
    - Manjaro XFCE.

3.2. Cinnamon: Sencillez y Modernidad

- **Introducción**: Derivado de GNOME, ofrece una experiencia más tradicional con un diseño que recuerda a Windows.
- **Características**:
    - Gestor de Ventanas: **Muffin**.
    - Gestor de Archivos: **Nemo**.
    - Enfoque en la facilidad de uso y personalización ligera.
- **Distribuciones Populares**:
    - Linux Mint.

3.3. LXDE / LXQt: Máxima Ligereza

- **Introducción**: LXDE y LXQt están diseñados para ser rápidos y eficientes, ideales para hardware antiguo.
- **Características**:
    - Gestor de Ventanas: **Openbox**.
    - Gestor de Archivos: **PCManFM**.
- **Distribuciones Populares**:
    - Lubuntu.
    - Debian con LXDE.

3.4. MATE: Clásico y Estable

- **Introducción**: Basado en GNOME 2, MATE mantiene un diseño clásico que prioriza la estabilidad y eficiencia.
- **Características**:
    - Gestor de Ventanas: **Marco**.
    - Gestor de Archivos: **Caja**.
- **Distribuciones Populares**:
    - Ubuntu MATE.
    - Fedora MATE.

3.5. Budgie: Minimalista y Elegante

- **Introducción**: Diseñado para ser moderno y ligero, Budgie combina simplicidad con características avanzadas.
- **Características**:
    - Basado en tecnologías GNOME.
    - Interfaz elegante con paneles configurables.
- **Distribuciones Populares**:
    - Solus.
    - Ubuntu Budgie.

4. Comparativa de Entornos Populares

Entorno	Ventajas	Desventajas	Distribuciones
GNOME	Intuitivo, moderno, Wayland optimizado	Alto consumo de recursos	Ubuntu, Fedora
KDE Plasma	Personalización extrema, visualmente atractivo	Complejidad para principiantes	Kubuntu, openSUSE
XFCE	Ligero, estable	Interfaz menos moderna	Xubuntu, Manjaro XFCE
Cinnamon	Familiar, fácil de usar	Menos opciones avanzadas	Linux Mint
LXDE/LXQt	Muy rápido, ideal para equipos antiguos	Apariencia básica	Lubuntu, Debian LXDE
MATE	Clásico, estable	Menos innovador	Ubuntu MATE, Fedora MATE
Budgie	Elegante, minimalista	Comunidad más pequeña	Solus, Ubuntu Budgie

6.3. Personalización del Escritorio para el Aula

La personalización del escritorio en Linux para un entorno educativo es una tarea clave para optimizar la experiencia de los estudiantes y educadores. Un escritorio bien configurado puede mejorar la productividad, facilitar el acceso a las herramientas necesarias y crear un ambiente más atractivo y accesible. Linux, con su amplia variedad de distribuciones y entornos de escritorio, ofrece una flexibilidad excepcional para personalizar cada detalle del escritorio según las necesidades del aula.

A continuación, se describen los pasos, herramientas y prácticas recomendadas para personalizar un escritorio Linux en un contexto educativo.

1. Objetivos de la Personalización del Escritorio en el Aula

1.1. Optimización de la Productividad

- Facilitar el acceso rápido a herramientas y recursos esenciales para estudiantes y profesores.
- Organizar el escritorio de manera que sea intuitivo y lógico.

1.2. Mejora de la Usabilidad

- Simplificar la interfaz para que los estudiantes puedan concentrarse en las actividades educativas.
- Garantizar que el sistema sea accesible incluso para usuarios con poca experiencia en tecnología.

1.3. Estética y Motivación

- Diseñar un escritorio visualmente atractivo para mejorar el compromiso y la motivación.
- Personalizar temas y fondos para alinearse con la identidad del aula o institución.

1.4. Acceso a Recursos Educativos

- Integrar accesos directos a plataformas de aprendizaje en línea, bibliotecas digitales y aplicaciones educativas.

2. Selección del Entorno de Escritorio para el Aula

El entorno de escritorio es la base para la personalización. La elección del entorno dependerá del hardware disponible y los requisitos educativos.

2.1. Entornos Recomendados

1. **GNOME**
   - Ideal para un diseño moderno y minimalista.
   - Excelente para aulas con hardware moderno.

2. **KDE Plasma**
   - Altamente personalizable, adecuado para una experiencia rica en funciones.
3. **XFCE**
   - Ligero y funcional, perfecto para hardware más antiguo.
4. **Cinnamon**
   - Fácil de usar y visualmente similar a Windows, ideal para estudiantes nuevos en Linux.
5. **LXDE/LXQt**
   - Extremadamente ligero, para equipos de muy bajos recursos.

3. Personalización del Escritorio

3.1. Configuración de Elementos Visuales

Fondos de Pantalla

- Usar imágenes motivadoras o relacionadas con la materia que se enseña.
- Ejemplo:
    - Ciencias: Imágenes del espacio o moléculas.
    - Historia: Mapas históricos.
- Cambiar fondo en GNOME:

    ```bash
    gsettings set org.gnome.desktop.background picture-uri file:///ruta/a/imagen.jpg
    ```

Temas e Iconos

- Elegir temas accesibles y visualmente atractivos.
- Instalar nuevos temas:
    - Descarga desde plataformas como **gnome-look.org**.
    - Instala con herramientas como **GNOME Tweaks** o el configurador de KDE.

Configuración de Paneles y Menús

- Reorganizar paneles y menús para incluir accesos directos a herramientas educativas.
- Agregar widgets útiles:
    - Relojes.
    - Accesos rápidos a carpetas compartidas.

3.2. Organización del Escritorio

Escritorios Virtuales

- Usar escritorios virtuales para separar tareas:
    - Un escritorio para navegadores y recursos en línea.
    - Otro para herramientas de desarrollo o programación.

Accesos Directos

- Crear accesos directos en el escritorio a:
    - Documentos compartidos.
    - Plataformas educativas como **Moodle** o **Google Classroom**.
    - Aplicaciones como **LibreOffice**, **GIMP** o herramientas de programación.

Barra de Tareas

- Personalizar la barra de tareas para incluir:
    - Accesos directos a aplicaciones frecuentes.
    - Notificaciones de correos electrónicos o mensajería.

4. Instalación y Configuración de Aplicaciones Educativas

4.1. Herramientas Ofimáticas

- Instalar **LibreOffice** para procesamiento de textos, hojas de cálculo y presentaciones.
- Personalizar plantillas de documentos con el logotipo de la institución.

4.2. Navegadores Web

- Instalar navegadores como **Firefox** o **Chromium**.
- Configurar marcadores a:
    - Recursos educativos en línea.
    - Sitios oficiales de la institución.

4.3. Aplicaciones de Desarrollo

- Instalar entornos de desarrollo como:
    - **Visual Studio Code** o **Geany** para programación.

- **Scratch** para enseñanza de programación básica.

4.4. Herramientas de Colaboración

- Instalar aplicaciones como **Zoom**, **Microsoft Teams** o **Slack** para clases en línea.

4.5. Recursos Multimedia

- Configurar aplicaciones como **VLC** para reproducción multimedia o **Audacity** para grabación y edición de audio.

5. Configuración de la Seguridad y Gestión de Usuarios

5.1. Cuentas de Usuario

- Crear cuentas individuales para estudiantes y profesores con permisos restringidos.
- Usar comandos como:

```bash
sudo adduser estudiante1
```

5.2. Permisos

- Establecer permisos para evitar que los usuarios modifiquen configuraciones críticas.

```bash
chmod -R 750 /carpeta/compartida
```

5.3. Control de Acceso

- Implementar herramientas como **Timekpr-nExT** para limitar el tiempo de uso.

5.4. Respaldos

- Configurar respaldos automáticos de los datos del aula utilizando **rsync** o aplicaciones gráficas como **Déjà Dup**.

6. Automatización y Mantenimiento

6.1. Automatización

- Crear scripts para automatizar tareas como:
    - Actualización del sistema:

    ```bash
    sudo apt update && sudo apt upgrade -y
    ```

    - Limpieza de archivos temporales:

    ```bash
    rm -rf /tmp/*
    ```

6.2. Actualizaciones

- Configurar actualizaciones automáticas para garantizar la seguridad y estabilidad.

6.3. Monitoreo

- Usar herramientas como **HTOP** o **Glances** para monitorear el rendimiento.

7. Ejemplo de Personalización para un Aula de Programación

Selección de Entorno

- **KDE Plasma** por su flexibilidad.

Pasos de Personalización

1. **Fondo de Pantalla**: Imagen motivadora con código o temática tecnológica.
2. **Aplicaciones Instaladas**:
    - **VSCode** para programación.
    - **Firefox** con marcadores a recursos como **GitHub** y documentación oficial.
3. **Organización**:
    - Escritorio Virtual 1: Navegador web.
    - Escritorio Virtual 2: Editor de texto y terminal.
4. **Widgets**:
    - Agregar un widget de reloj mundial para zonas horarias de conferencias en línea.

Sección 3: Enseñanza Basada en Roles

7. Formación para Administradores de Sistemas

7.1. Gestión de Usuarios y Grupos en Linux: Formación para Administradores de Sistemas

La gestión de usuarios y grupos es una de las tareas fundamentales para los administradores de sistemas en Linux. Esta habilidad permite controlar el acceso a los recursos del sistema, establecer permisos y mantener la seguridad y la organización en entornos multiusuario. Una comprensión profunda de estos conceptos es esencial para configurar y administrar sistemas eficientemente, especialmente en entornos educativos, empresariales o de servidores.

A continuación, se ofrece una guía extensa para la gestión de usuarios y grupos en Linux, incluyendo conceptos clave, comandos esenciales y ejemplos prácticos.

1. Conceptos Fundamentales de la Gestión de Usuarios y Grupos

1.1. Usuarios en Linux

- **Usuario Root**: El superusuario con privilegios completos para realizar cualquier operación en el sistema.
- **Usuarios Comunes**: Cuentan con permisos limitados, diseñados para realizar tareas habituales sin comprometer el sistema.
- **Usuarios del Sistema**: Usados por procesos o servicios del sistema (por ejemplo, `www-data` para servidores web).

1.2. Grupos en Linux

- Los grupos son colecciones de usuarios que comparten permisos comunes para acceder a archivos o recursos.
- Tipos:
    - **Grupo Primario**: Asociado directamente con el usuario al momento de su creación.
    - **Grupo Secundario**: Grupos adicionales a los que un usuario puede pertenecer.

2. Gestión de Usuarios

2.1. Crear Usuarios

- **Comando `adduser`**
  Crea un usuario con su directorio personal y configuraciones básicas.

  ```bash
  sudo adduser usuario
  ```

  - Durante la ejecución, solicita información adicional como contraseña y nombre completo.

- **Comando `useradd`**
  Más versátil, pero requiere opciones adicionales para personalizar la configuración.

  ```bash
  sudo useradd -m -s /bin/bash usuario
  ```

  - `-m`: Crea el directorio personal del usuario.
  - `-s`: Especifica la shell predeterminada.

2.2. Modificar Usuarios

- **Comando `usermod`**
  Permite cambiar las propiedades de un usuario.
  - Cambiar el grupo primario:

    ```bash
    sudo usermod -g grupo usuario
    ```

  - Añadir al usuario a un grupo secundario:

    ```bash
    sudo usermod -aG grupo usuario
    ```

2.3. Eliminar Usuarios

- **Comando `deluser`**
  Elimina un usuario y opcionalmente su directorio personal.

  ```bash
  sudo deluser usuario
  ```

  - Con eliminación de directorio personal:

```bash
sudo deluser --remove-home usuario
```

- **Comando `userdel`**
  Similar a `deluser`, pero más directo.

  ```bash
  sudo userdel usuario
  ```

3. Gestión de Grupos

3.1. Crear Grupos

- **Comando `groupadd`**
  Crea un nuevo grupo.

  ```bash
  sudo groupadd grupo
  ```

3.2. Modificar Grupos

- **Comando `groupmod`**
  Cambia el nombre o el ID de un grupo.
    o Cambiar el nombre:

    ```bash
    sudo groupmod -n nuevo_nombre grupo
    ```

3.3. Eliminar Grupos

- **Comando `groupdel`**
  Elimina un grupo.

  ```bash
  sudo groupdel grupo
  ```

4. Gestión de Contraseñas y Seguridad

4.1. Establecer o Cambiar Contraseñas

- **Comando `passwd`**
  Cambia la contraseña de un usuario.

  ```bash
  sudo passwd usuario
  ```

4.2. Expiración de Contraseñas

- **Configurar caducidad de la contraseña**:

  ```bash
  sudo chage -M 90 usuario
  ```

  - `-M`: Establece el número máximo de días antes de que la contraseña expire.
- **Ver la configuración actual de caducidad**:

  ```bash
  sudo chage -l usuario
  ```

5. Visualización de Información de Usuarios y Grupos

5.1. Archivos Clave

- **`/etc/passwd`**: Contiene información sobre los usuarios.
  - Ejemplo:

    ```ruby
    usuario:x:1001:1001:Usuario Ejemplo:/home/usuario:/bin/bash
    ```

    - Campo 1: Nombre del usuario.
    - Campo 7: Shell predeterminada.
- **`/etc/group`**: Contiene información sobre los grupos.
  - Ejemplo:

    ```makefile
    grupo:x:1001:usuario
    ```

- **`/etc/shadow`**: Almacena contraseñas encriptadas y políticas de caducidad.

5.2. Comandos para Ver Información

- `id`: Muestra la ID del usuario, su grupo primario y secundarios.

    ```bash
    id usuario
    ```

- `groups`: Lista los grupos a los que pertenece un usuario.

    ```bash
    groups usuario
    ```

- `getent`: Extrae información de bases de datos del sistema.

    ```bash
    getent passwd usuario
    ```

6. Configuración de Permisos para Usuarios y Grupos

6.1. Cambiar Propietarios

- **Comando `chown`**
  Cambia el propietario de un archivo o directorio.

    ```bash
    sudo chown usuario archivo
    ```

- Cambiar propietario y grupo:

    ```bash
    sudo chown usuario:grupo archivo
    ```

6.2. Cambiar Grupos

- **Comando `chgrp`**
  Cambia el grupo de un archivo o directorio.

    ```bash
    sudo chgrp grupo archivo
    ```

7. Automatización y Mantenimiento

7.1. Scripts para la Gestión de Usuarios

Crear un script para añadir múltiples usuarios:

bash

```
#!/bin/bash
for usuario in estudiante1 estudiante2 estudiante3
do
   sudo adduser --disabled-password --gecos "" $usuario
   echo "$usuario:contrasena" | sudo chpasswd
done
```

7.2. Monitoreo de Actividad

- Usar `last` para ver los últimos inicios de sesión:

    bash

    last

- Monitorear sesiones activas con `w`:

    bash

    w

8. Buenas Prácticas en la Gestión de Usuarios y Grupos

1. **Principio de Mínimos Privilegios**: Asignar solo los permisos necesarios para cada usuario.
2. **Uso de Grupos**: Organizar usuarios en grupos para simplificar la gestión de permisos.
3. **Caducidad de Contraseñas**: Configurar políticas de seguridad para evitar contraseñas obsoletas.
4. **Revisión Periódica**: Auditar usuarios y grupos regularmente para identificar cuentas inactivas o permisos excesivos.
5. **Evitar Usar Root Directamente**: En su lugar, usar `sudo` para ejecutar comandos con privilegios elevados.

7.2. Configuración de Servicios Básicos: SSH, FTP, y Más

La configuración de servicios básicos en Linux, como **SSH**, **FTP**, y otros protocolos esenciales, es una tarea crítica para los administradores de sistemas. Estos servicios permiten la administración remota, transferencia de archivos y comunicación segura entre dispositivos en una red. En esta sección, exploraremos cómo instalar, configurar y asegurar estos servicios básicos en un entorno Linux.

1. Configuración de SSH (Secure Shell)

1.1. ¿Qué es SSH?

SSH es un protocolo que permite el acceso remoto seguro a un servidor Linux. Utiliza cifrado para proteger la comunicación y es fundamental para la administración remota.

1.2. Instalación de SSH

La mayoría de las distribuciones Linux incluyen el servidor SSH como parte de sus repositorios.

- **Instalar el servidor SSH**:

    ```bash
    sudo apt update
    sudo apt install openssh-server
    ```

- **Verificar el estado del servicio**:

    ```bash
    sudo systemctl status ssh
    ```

1.3. Configuración del Servidor SSH

La configuración principal se encuentra en el archivo `/etc/ssh/sshd_config`.

- Editar el archivo de configuración:

    ```bash
    sudo nano /etc/ssh/sshd_config
    ```

Parámetros Clave

- **Puerto de Escucha**: Cambiar el puerto por defecto (22) para mejorar la seguridad:

```yaml
Port 2222
```

- **Autenticación de Clave Pública**: Habilitar solo claves públicas para mayor seguridad:

```yaml
PubkeyAuthentication yes
PasswordAuthentication no
```

- **Acceso Permitido**: Limitar el acceso a usuarios específicos:

```
AllowUsers usuario1 usuario2
```

Reiniciar el Servicio

Después de modificar la configuración, reinicia el servicio:

```bash
sudo systemctl restart ssh
```

1.4. Uso de SSH

- Conectar a un servidor remoto:

    ```bash
    ssh usuario@direccion_ip
    ```

- Conectar usando un puerto personalizado:

    ```bash
    ssh -p 2222 usuario@direccion_ip
    ```

1.5. Seguridad Adicional

- **Firewall**: Asegurarse de que el puerto SSH esté permitido:

    ```bash
    sudo ufw allow 2222
    ```

- **Fail2Ban**: Proteger contra ataques de fuerza bruta.

    ```bash
    sudo apt install fail2ban
    ```

2. Configuración de FTP (File Transfer Protocol)

2.1. ¿Qué es FTP?

FTP es un protocolo para la transferencia de archivos entre un cliente y un servidor. Aunque es menos seguro que alternativas modernas como SFTP, sigue siendo útil en ciertos escenarios.

2.2. Instalación del Servidor FTP

- Instalar un servidor FTP como **vsftpd** (Very Secure FTP Daemon):

    ```bash
    sudo apt update
    sudo apt install vsftpd
    ```

- Verificar el estado del servicio:

    ```bash
    sudo systemctl status vsftpd
    ```

2.3. Configuración de FTP

El archivo de configuración principal es `/etc/vsftpd.conf`.

- Editar la configuración:

    ```bash
    sudo nano /etc/vsftpd.conf
    ```

Parámetros Clave

- **Permitir Acceso Local**:

    ```makefile
    local_enable=YES
    write_enable=YES
    ```

- **Restringir Usuarios a sus Directorios**:

    ```makefile
    chroot_local_user=YES
    ```

- **Habilitar Transferencias Pasivas**: Configurar el rango de puertos para conexiones pasivas:

  makefile

  ```
  pasv_min_port=40000
  pasv_max_port=50000
  ```

- **Deshabilitar Acceso Anónimo**:

  makefile

  ```
  anonymous_enable=NO
  ```

Reiniciar el Servicio

Después de realizar cambios:

bash

```
sudo systemctl restart vsftpd
```

2.4. Uso de FTP

- Conectarse con un cliente FTP (como **FileZilla**) usando las credenciales de un usuario local.

3. Configuración de Servicios Adicionales

3.1. NFS (Network File System)

NFS permite compartir directorios en una red para que los clientes puedan acceder a ellos como si estuvieran en sus sistemas locales.

Instalación

- Servidor:

  bash

  ```
  sudo apt install nfs-kernel-server
  ```

- Cliente:

  bash

  ```
  sudo apt install nfs-common
  ```

Configuración del Servidor

- Editar el archivo `/etc/exports` para definir los directorios compartidos:

    ```bash
    /directorio_compartido 192.168.1.0/24(rw,sync,no_subtree_check)
    ```

- Aplicar la configuración:

    ```bash
    sudo exportfs -a
    sudo systemctl restart nfs-kernel-server
    ```

Montar en el Cliente

- Montar el directorio compartido:

    ```bash
    sudo mount 192.168.1.1:/directorio_compartido /punto_de_montaje
    ```

3.2. Samba

Samba permite compartir archivos e impresoras con sistemas Windows.

Instalación
```bash
sudo apt install samba
```

Configuración

- Editar el archivo `/etc/samba/smb.conf`:

    ```bash
    [compartido]
    path = /directorio_compartido
    browseable = yes
    writable = yes
    ```

- Reiniciar Samba:

    ```bash
    sudo systemctl restart smbd
    ```

- Crear un usuario de Samba:

    ```bash
    ```

```bash
sudo smbpasswd -a usuario
```

4. Monitoreo y Mantenimiento de Servicios

4.1. Ver el Estado de un Servicio

- Comprobar si un servicio está activo:

    ```bash
    sudo systemctl status nombre_del_servicio
    ```

4.2. Habilitar el Inicio Automático

- Asegurarse de que el servicio inicie automáticamente:

    ```bash
    sudo systemctl enable nombre_del_servicio
    ```

4.3. Registro de Actividad

- Revisar los registros del servicio con **journalctl**:

    ```bash
    sudo journalctl -u nombre_del_servicio
    ```

4.4. Seguridad Adicional

- Utilizar herramientas como **iptables** o **ufw** para restringir el acceso a los servicios.

    ```bash
    sudo ufw allow 22
    sudo ufw enable
    ```

5. Buenas Prácticas

1. **Usar Versiones Seguras**: Optar por alternativas como SFTP en lugar de FTP estándar.
2. **Restringir Acceso**: Limitar los servicios a rangos IP específicos.
3. **Auditorías Periódicas**: Revisar registros de acceso para detectar posibles intrusiones.
4. **Política de Contraseñas Fuertes**: Configurar reglas de contraseñas para todos los usuarios.

7.3. Automatización con Scripts Bash

La automatización de tareas mediante scripts Bash es una habilidad fundamental para los administradores de sistemas en Linux. Los scripts Bash permiten ejecutar comandos de manera automática, repetitiva y eficiente, eliminando la necesidad de realizar tareas manualmente y reduciendo la posibilidad de errores. Esta capacidad es particularmente útil en la administración de sistemas, donde tareas como el mantenimiento, la configuración y la gestión de usuarios se benefician enormemente de la automatización.

A continuación, exploraremos los conceptos fundamentales, herramientas y ejemplos prácticos de cómo crear y usar scripts Bash para automatizar tareas comunes.

1. Conceptos Básicos de Bash Scripting

1.1. ¿Qué es un Script Bash?

Un **script Bash** es un archivo de texto que contiene una serie de comandos que el sistema interpreta y ejecuta secuencialmente utilizando el intérprete de Bash. Estos scripts se usan para automatizar tareas repetitivas, simplificar configuraciones y administrar sistemas de manera más eficiente.

1.2. Características Principales

- **Automatización**: Ejecuta comandos sin intervención manual.
- **Eficiencia**: Simplifica tareas complejas mediante bucles, condiciones y funciones.
- **Portabilidad**: Los scripts pueden ejecutarse en cualquier sistema que tenga Bash instalado.

2. Creación de un Script Bash

2.1. Estructura Básica de un Script

Un script Bash típico tiene la siguiente estructura:

1. **Shebang**: Indica al sistema qué intérprete usar para ejecutar el script.

```bash
#!/bin/bash
```

2. **Comentarios**: Ayudan a documentar el código.

```bash
# Este es un script Bash
```

3. **Comandos y Lógica**: Los comandos y secuencias que ejecutará el script.

2.2. Creación y Ejecución

1. Crear un archivo de script:

```bash
nano mi_script.sh
```

2. Escribir el contenido:

```bash
#!/bin/bash
echo "Hola, este es un script Bash"
```

3. Dar permisos de ejecución:

```bash
chmod +x mi_script.sh
```

4. Ejecutar el script:

```bash
./mi_script.sh
```

3. Elementos Clave de los Scripts Bash

3.1. Variables

Las variables almacenan valores que pueden reutilizarse en el script.

- Definir una variable:

```bash
```

```
mensaje="Hola, mundo"
```

- Usar una variable:

    bash

    ```
    echo $mensaje
    ```

3.2. Entrada del Usuario

Permite capturar información del usuario.

- Us

ar `read` para capturar entradas:

bash

```
echo "Introduce tu nombre:"
read nombre
echo "Hola, $nombre"
```

3.3. Condicionales

Los condicionales permiten ejecutar comandos basados en condiciones específicas.

- **Estructura `if-else`**:

    bash

    ```
    if [ $USER == "root" ]; then
        echo "Eres el usuario root"
    else
        echo "No eres root"
    fi
    ```

- **Condiciones Comunes**:
    - `-e archivo`: Verifica si un archivo existe.
    - `-d directorio`: Verifica si un directorio existe.
    - `-z cadena`: Verifica si una cadena está vacía.

3.4.

Condicionales Comunes en Bash

Las condiciones son esenciales para agregar lógica a los scripts y manejar diferentes escenarios de manera efectiva. A continuación, se presentan los operadores y sus usos comunes:

Operador	Descripción	Ejemplo
-e	Verifica si un archivo existe	[-e archivo.txt]

Operador	Descripción	Ejemplo
-d	Verifica si un directorio existe	[-d /directorio]
-z	Verifica si una cadena está vacía	[-z "$variable"]
-n	Verifica si una cadena no está vacía	[-n "$variable"]
-eq	Comprueba si dos números son iguales	[$a -eq $b]
-lt	Verifica si un número es menor	[$a -lt $b]

Ejemplo Completo con Condicionales:
bash

```
#!/bin/bash

echo "Introduce un número:"
read numero

if [ $numero -lt 10 ]; then
    echo "El número es menor que 10"
else
    echo "El número es mayor o igual a 10"
fi
```

4. Estructuras de Control

4.1. Bucles for

Se utiliza para iterar sobre elementos de una lista o un rango.

- **Ejemplo: Iterar sobre una lista:**

    bash

    ```
    for archivo in *.txt; do
        echo "Procesando $archivo"
    done
    ```

4.2. Bucles while

Ejecuta comandos mientras se cumple una condición.

- **Ejemplo: Contador simple:**

    bash

    ```
    contador=1
    while [ $contador -le 5 ]; do
    ```

```
        echo "Número: $contador"
        contador=$((contador + 1))
    done
```

4.3. Bucles `until`

Ejecuta comandos hasta que una condición se cumpla.

- **Ejemplo**:

    ```bash
    numero=0
    until [ $numero -eq 5 ]; do
        echo "Número: $numero"
        numero=$((numero + 1))
    done
    ```

5. Funciones en Bash

Las funciones permiten reutilizar bloques de código y organizarlos mejor.

5.1. Declaración de Funciones
```bash
mi_funcion() {
    echo "Hola desde una función"
}
```

5.2. Llamar a una Función
```bash
mi_funcion
```

5.3. Funciones con Argumentos
```bash
saludar() {
    echo "Hola, $1"
}

saludar "Mundo"
```

6. Automatización de Tareas Comunes

6.1. Respaldo de Archivos

Un script que crea una copia de seguridad de un directorio:

bash

```bash
#!/bin/bash

origen="/ruta/origen"
destino="/ruta/destino"

fecha=$(date +%Y%m%d)
tar -czf $destino/backup_$fecha.tar.gz $origen

echo "Respaldo completado en $destino/backup_$fecha.tar.gz"
```

6.2. Monitoreo de Servicios

Un script que verifica si un servicio está activo:

bash

```bash
#!/bin/bash

servicio="ssh"

if systemctl is-active --quiet $servicio; then
    echo "El servicio $servicio está activo"
else
    echo "El servicio $servicio no está activo. Intentando iniciar..."
    sudo systemctl start $servicio
fi
```

6.3. Limpieza de Archivos Temporales
bash

```bash
#!/bin/bash

echo "Eliminando archivos temporales..."
rm -rf /tmp/*
echo "Limpieza completada."
```

7. Programación Avanzada con Bash

7.1. Uso de Arrays
bash

```bash
nombres=("Ana" "Juan" "Carlos")

for nombre in "${nombres[@]}"; do
    echo "Hola, $nombre"
```

```
done
```

7.2. Manejo de Errores
bash

```bash
#!/bin/bash

archivo="archivo.txt"

if [ ! -f $archivo ]; then
    echo "El archivo $archivo no existe."
    exit 1
fi

echo "Procesando $archivo..."
```

7.3. Redirección de Entrada y Salida

- Redirigir salida estándar a un archivo:

    bash

    ```bash
    echo "Hola" > salida.txt
    ```

- Añadir a un archivo existente:

    bash

    ```bash
    echo "Mundo" >> salida.txt
    ```

- Redirigir errores:

    bash

    ```bash
    ls archivo_inexistente 2> error.log
    ```

8. Buenas Prácticas en Bash Scripting

1. **Documentar el Código**: Usa comentarios para explicar secciones complejas.
2. **Validar Entradas**: Asegúrate de que las entradas del usuario sean válidas.
3. **Manejar Errores**: Utiliza códigos de salida y redirección para gestionar errores.
4. **Permisos Adecuados**: Configura los scripts como ejecutables para evitar errores.
5. **Evitar Contraseñas en Texto Plano**: Usa variables de entorno o métodos seguros para manejar credenciales.

8.1. Entornos de Desarrollo en Linux: Formación para Desarrolladores

Linux es un sistema operativo ampliamente adoptado por desarrolladores debido a su flexibilidad, estabilidad y vasto ecosistema de herramientas de desarrollo. Su arquitectura de código abierto permite la personalización, y sus entornos de desarrollo integrados (IDEs) y herramientas en línea de comandos ofrecen un control completo sobre el proceso de programación. Comprender cómo configurar y utilizar entornos de desarrollo en Linux es crucial para los desarrolladores que buscan eficiencia y productividad.

En esta sección, exploraremos los principales entornos de desarrollo en Linux, desde la configuración básica hasta la selección de herramientas avanzadas, centrándonos en cómo maximizar su utilidad en el trabajo diario.

1. ¿Qué es un Entorno de Desarrollo?

Un **entorno de desarrollo** es un conjunto de herramientas y configuraciones que facilitan la programación, prueba y despliegue de software. Incluye:

1. **Editor de Texto o IDE**: Para escribir y depurar código.
2. **Compiladores e Intérpretes**: Para convertir el código fuente en programas ejecutables.
3. **Gestores de Paquetes**: Para instalar bibliotecas y dependencias.
4. **Control de Versiones**: Herramientas para gestionar cambios en el código.
5. **Entornos Virtuales**: Para aislar proyectos y evitar conflictos de dependencias.

2. Configuración Inicial para Desarrollo en Linux

2.1. Instalación de Herramientas Básicas

Las distribuciones de Linux suelen incluir herramientas esenciales para desarrolladores, pero algunas requieren

instalación manual. A continuación, se describe cómo preparar un entorno básico para el desarrollo:

1. **Actualización del Sistema**
   Antes de instalar herramientas, asegúrate de que el sistema esté actualizado:

   ```bash
   sudo apt update && sudo apt upgrade -y
   ```

2. **Instalación de Compiladores y Herramientas de Compilación**
   Los compiladores son fundamentales para el desarrollo en lenguajes como C y C++.

   bash

   ```
   sudo apt install build-essential
   ```

   Esto incluye herramientas como `gcc` (GNU Compiler Collection), `g++` y `make`.

3. **Control de Versiones con Git**
   Git es una herramienta indispensable para gestionar versiones de código y colaborar con equipos.

   bash

   ```
   sudo apt install git
   ```

   Configuración inicial de Git:

   bash

   ```
   git config --global user.name "Tu Nombre"
   git config --global user.email "tuemail@dominio.com"
   ```

4. **Instalación de un Editor de Texto**
   Los editores de texto son esenciales para escribir código. Algunos populares en Linux incluyen:
   - **Vim**: Un editor de texto avanzado basado en la terminal.

     bash

     ```
     sudo apt install vim
     ```

   - **Nano**: Simple y fácil de usar.

     bash

     ```
     sudo apt install nano
     ```

2.2. Gestores de Paquetes

Cada lenguaje de programación tiene su propio gestor de paquetes para instalar bibliotecas y dependencias:

- **Python**:

  bash

  ```
  sudo apt install python3-pip
  ```

  Uso:

```bash
pip install paquete
```

- **Node.js y npm**:

```bash
sudo apt install nodejs npm
```

Uso:

```bash
npm install paquete
```

- **Java**:
  Instalar el kit de desarrollo de Java (JDK):

```bash
sudo apt install default-jdk
```

2.3. Configuración de Entornos Virtuales

Los entornos virtuales aíslan proyectos para evitar conflictos entre dependencias.

- **Python (Virtualenv)**:

```bash
pip install virtualenv
virtualenv mi_entorno
source mi_entorno/bin/activate
```

- **Node.js (nvm)**:

```bash
curl -o- https://raw.githubusercontent.com/nvm-sh/nvm/v0.39.2/install.sh | bash
source ~/.bashrc
nvm install node
```

3. Selección de Entornos de Desarrollo Integrados (IDEs)

Los IDEs proporcionan una interfaz completa para escribir, depurar y gestionar proyectos de software. Algunos de los más populares en Linux son:

3.1. Visual Studio Code (VSCode)

- **Características**:
    - Soporte para múltiples lenguajes como Python, JavaScript, C++ y más.
    - Integración con Git y extensiones para depuración y pruebas.
- **Instalación**:
Descarga desde el sitio oficial o instala usando el paquete `snap`:

```bash
sudo snap install code --classic
```

3.2. PyCharm

- **Enfoque**: Desarrollo en Python.
- **Características**:
    - Autocompletado avanzado, depurador integrado y soporte para frameworks como Django y Flask.
- **Instalación**:

```bash
sudo snap install pycharm-community --classic
```

3.3. Eclipse

- **Enfoque**: Java, pero compatible con otros lenguajes.
- **Características**:
    - Extensible con plugins para desarrollo web y móvil.
- **Instalación**:

```bash
sudo snap install eclipse --classic
```

3.4. IntelliJ IDEA

- **Enfoque**: Desarrollo en Java y Kotlin.
- **Características**:
    - Soporte avanzado para grandes proyectos empresariales.
- **Instalación**:

```bash
sudo snap install intellij-idea-community --classic
```

3.5. NetBeans

- **Enfoque**: Java, PHP, y C++.
- **Características**:

- o   Herramientas visuales para diseño de interfaces gráficas.
- **Instalación**:

    ```bash
    sudo apt install netbeans
    ```

4. Configuración de Herramientas de Depuración

4.1. GDB (GNU Debugger)

- **Propósito**: Depurar aplicaciones escritas en C y C++.
- **Instalación**:

    ```bash
    sudo apt install gdb
    ```

- **Uso Básico**:

    ```bash
    gdb ./mi_programa
    ```

4.2. Valgrind

- **Propósito**: Detectar fugas de memoria y errores en programas C/C++.
- **Instalación**:

    ```bash
    sudo apt install valgrind
    ```

- **Uso Básico**:

    ```bash
    valgrind ./mi_programa
    ```

4.3. Depuración en Python

Python incluye herramientas como `pdb` para depuración.

- **Uso**:

    ```bash
    python3 -m pdb mi_script.py
    ```

5. Contenedores y Virtualización para Desarrollo

5.1. Docker

Docker permite crear contenedores para ejecutar aplicaciones en entornos aislados. Es ideal para replicar entornos de producción.

- **Instalación**:

    ```bash
    sudo apt install docker.io
    ```

- **Ejemplo**:
  Ejecutar un contenedor con Python:

    ```bash
    docker run -it python:3.10 bash
    ```

5.2. VirtualBox

- Permite crear máquinas virtuales para probar configuraciones en diferentes sistemas operativos.
- **Instalación**:

    ```bash
    sudo apt install virtualbox
    ```

6. Herramientas Adicionales para Desarrolladores

6.1. Control de Versiones

- **GitKraken**: Interfaz gráfica para gestionar repositorios Git.
- **Instalación**:

    ```bash
    sudo snap install gitkraken
    ```

6.2. Pruebas

- **Selenium**: Pruebas automatizadas de aplicaciones web.

```bash
pip install selenium
```

6.3. Controles de Calidad de Código

- **SonarQube**: Analiza la calidad del código y detecta errores.
- **Instalación**: Disponible en Docker o mediante descarga directa.

7. Configuración de Entornos Multilenguaje

Los desarrolladores modernos suelen trabajar en múltiples lenguajes. Aquí se describe cómo configurar un entorno para los lenguajes más populares:

7.1. Python

- Instalar herramientas esenciales:

```bash
sudo apt install python3-pip
pip install virtualenv
```

7.2. JavaScript/Node.js

- Instalar Node.js y npm:

```bash
sudo apt install nodejs npm
```

7.3. C y C++

- Herramientas básicas:

```bash
sudo apt install build-essential gdb
```

7.4. Java

- Instalar OpenJDK:

```bash
sudo apt install default-jdk
```

8.2. Manejo de Git y Sistemas de Control de Versiones

El manejo de sistemas de control de versiones es una habilidad esencial para los desarrolladores, ya que permite gestionar cambios en el código fuente, colaborar con equipos y mantener un historial claro de las modificaciones realizadas en un proyecto. **Git**, el sistema de control de versiones más popular, ofrece herramientas poderosas para rastrear y coordinar el desarrollo de software.

A continuación, se aborda de manera extensa cómo usar Git y otros sistemas de control de versiones, incluyendo conceptos fundamentales, configuración inicial, comandos esenciales y buenas prácticas.

1. Introducción a los Sistemas de Control de Versiones

1.1. ¿Qué es un Sistema de Control de Versiones?

Un sistema de control de versiones (VCS, por sus siglas en inglés) es una herramienta que rastrea los cambios realizados en los archivos de un proyecto a lo largo del tiempo. Permite a los desarrolladores:

1. Guardar diferentes versiones de su trabajo.
2. Restaurar versiones anteriores en caso de errores.
3. Colaborar en equipo sin conflictos entre los cambios.

1.2. Tipos de Sistemas de Control de Versiones

1. **Centralizados**:
    - Ejemplo: Subversion (SVN).
    - Utilizan un servidor centralizado para almacenar el repositorio.
    - Requieren conexión a la red para la mayoría de las operaciones.
2. **Distribuidos**:
    - Ejemplo: Git.
    - Cada desarrollador tiene una copia completa del repositorio, incluyendo el historial.
    - Permiten trabajar offline y sincronizar cambios posteriormente.

1.3. Ventajas de Git sobre Otros VCS

- **Distribuido**: Cada desarrollador tiene el repositorio completo.
- **Velocidad**: Las operaciones locales son rápidas porque no dependen de un servidor remoto.

- **Ramas (branches)**: Facilita el manejo de versiones paralelas del proyecto.
- **Integración**: Compatible con plataformas como GitHub, GitLab y Bitbucket.

2. Instalación y Configuración de Git

2.1.

Instalación de Git

La instalación de Git es sencilla y está disponible en la mayoría de las distribuciones Linux a través de sus gestores de paquetes.

- **En Ubuntu/Debian**:

    ```bash
    sudo apt update
    sudo apt install git
    ```

- **En Fedora/CentOS**:

    ```bash
    sudo dnf install git
    ```

- **Verificar la instalación**:

    ```bash
    git --version
    ```

2.2. Configuración Inicial

Antes de usar Git, es necesario configurarlo con información básica del usuario:

1. **Establecer el nombre de usuario**:

    ```bash
    git config --global user.name "Tu Nombre"
    ```

2. **Configurar el correo electrónico**:

    ```bash
    git config --global user.email "tuemail@dominio.com"
    ```

3. **Elegir un editor predeterminado** (opcional):

```bash
git config --global core.editor "vim"
```

4. **Configurar la herramienta de fusión de conflictos** (opcional):

```bash
git config --global merge.tool "vimdiff"
```

5. **Ver la configuración actual**:

```bash
git config --list
```

3. Conceptos Fundamentales de Git

3.1. Repositorio

Un repositorio es el lugar donde Git almacena los archivos y su historial. Puede ser:

- **Local**: En tu computadora.
- **Remoto**: En una plataforma como GitHub, GitLab o Bitbucket.

3.2. Áreas de Trabajo

1. **Working Directory**: Contiene los archivos actuales en los que estás trabajando.
2. **Staging Area**: Una zona intermedia donde se preparan los cambios antes de confirmarlos.
3. **Repositorio Local**: Donde se guardan los cambios confirmados.

3.3. Flujo de Trabajo Básico

1. Modificar archivos en el directorio de trabajo.
2. Añadir los cambios al área de preparación (Staging Area).
3. Confirmar los cambios al repositorio local con un commit.

4. Comandos Esenciales de Git

4.1. Crear y Clonar Repositorios

- **Iniciar un repositorio nuevo:**

    ```bash
    git init
    ```

- **Clonar un repositorio existente:**

    ```bash
    git clone https://github.com/usuario/repo.git
    ```

4.2. Estado y Registro

- **Ver el estado del repositorio:**
  Muestra los cambios realizados en el directorio de trabajo.

    ```bash
    git status
    ```

- **Ver el historial de commits:**

    ```bash
    git log
    ```

- **Ver un historial más compacto:**

    ```bash
    git log --oneline
    ```

4.3. Añadir y Confirmar Cambios

- **Añadir archivos al área de preparación:**

    ```bash
    git add archivo.txt
    git add .
    ```

- **Confirmar los cambios al repositorio:**

    ```bash
    git commit -m "Mensaje del commit"
    ```

4.4. Sincronización con Repositorios Remotos

- **Añadir un repositorio remoto**:

    ```bash
    git remote add origin https://github.com/usuario/repo.git
    ```

- **Enviar cambios al repositorio remoto**:

    ```bash
    git push origin main
    ```

- **Obtener cambios desde el repositorio remoto**:

    ```bash
    git pull origin main
    ```

4.5. Ramas

- **Crear una nueva rama**:

    ```bash
    git branch nombre_rama
    ```

- **Cambiar a una rama**:

    ```bash
    git checkout nombre_rama
    ```

- **Crear y cambiar a una rama al mismo tiempo**:

    ```bash
    git checkout -b nombre_rama
    ```

- **Fusionar ramas**:

    ```bash
    git merge nombre_rama
    ```

4.6. Deshacer Cambios

- **Eliminar cambios no confirmados**:

    ```bash
    ```

```
git checkout -- archivo.txt
```

- **Revertir un commit anterior**:

    bash
    ```
    git revert ID_commit
    ```

- **Resetear al estado de un commit específico**:

    bash
    ```
    git reset --hard ID_commit
    ```

5. Trabajo en Equipo con Git

5.1. Resolución de Conflictos

Cuando dos personas modifican el mismo archivo, pueden surgir conflictos durante la fusión. Git marca los conflictos en el archivo para que puedan resolverse manualmente:

1. Editar el archivo para resolver los conflictos.
2. Marcar el conflicto como resuelto:

    bash
    ```
    git add archivo.txt
    ```

3. Confirmar la resolución:

    bash
    ```
    git commit -m "Resolución de conflictos"
    ```

5.2. Flujos de Trabajo Comunes

1. **Flujo Centralizado**:
   Todos trabajan en la misma rama principal (`main`).
2. **Flujo basado en Ramas**:
   Cada desarrollador trabaja en su propia rama y la fusiona con `main` cuando está lista.
3. **Git Flow**:
   Incluye ramas específicas para desarrollo, producción y características nuevas.

6. Herramientas y Plataformas para Git

6.1. GitHub

Una plataforma basada en la nube que permite almacenar repositorios, colaborar en proyectos y realizar integraciones continuas.

- **Clonar un repositorio GitHub**:

  ```bash
  git clone https://github.com/usuario/repo.git
  ```

6.2. GitLab

Similar a GitHub, pero con opciones adicionales para CI/CD (Integración y Despliegue Continuo).

6.3. Bitbucket

Ideal para equipos que trabajan con proyectos privados.

6.4. Interfaz Gráfica

- **GitKraken**: Herramienta gráfica para gestionar repositorios Git.
- **Sourcetree**: Ideal para principiantes.

7. Buenas Prácticas con Git

1. **Commits Pequeños y Frecuentes**: Facilitan la revisión y el seguimiento de cambios.
2. **Mensajes Claros**: Usa mensajes descriptivos para cada commit.
3. **Evita Cambios Directos en Main**: Trabaja siempre en ramas específicas y fusiona con `main` tras revisión.
4. **Sincroniza con Frecuencia**: Realiza `git pull` antes de comenzar a trabajar para evitar conflictos.
5. **Usa `.gitignore`**: Excluye archivos innecesarios del repositorio.

8.3. Lenguajes de Programación y Linux: Python, Java y Más

Linux es una plataforma preferida por desarrolladores debido a su flexibilidad, estabilidad y compatibilidad con múltiples lenguajes de programación. Su arquitectura de código abierto, herramientas integradas y ecosistema de software hacen que sea ideal para escribir, probar y desplegar aplicaciones en una variedad de lenguajes como **Python**, **Java**, **C/C++**, **JavaScript**, entre otros. En esta sección, exploraremos cómo usar Linux para desarrollar en los lenguajes más populares, incluyendo la configuración del entorno, herramientas útiles y ejemplos prácticos.

1. Python: Simplicidad y Versatilidad

1.1. ¿Por qué Python?

Python es un lenguaje de programación de alto nivel conocido por su sintaxis sencilla y su amplio ecosistema de bibliotecas. Es ampliamente utilizado en desarrollo web, ciencia de datos, inteligencia artificial, automatización de tareas y más.

1.2. Instalación de Python en Linux

La mayoría de las distribuciones Linux incluyen Python preinstalado. Para versiones más recientes:

- **Instalar Python 3** (si no está instalado):

    ```bash
    sudo apt update
    sudo apt install python3 python3-pip
    ```

- Verificar la instalación:

    ```bash
    python3 --version
    pip3 --version
    ```

1.3. Herramientas y Bibliotecas Clave

- **Gestión de Dependencias**: `pip`
  Instalación de bibliotecas:

    ```bash
    pip3 install numpy pandas flask
    ```

- **Entornos Virtuales**:
  Crear y activar un entorno virtual para aislar dependencias:

  bash

  ```
  python3 -m venv mi_entorno
  source mi_entorno/bin/activate
  ```

- **Editores/IDEs**:
  - **VSCode**: Extensiones para Python.
  - **PyCharm**: IDE avanzado para proyectos en Python.

1.4. Ejemplo: Script Básico de Python
python

```
# hola_mundo.py
print("Hola, mundo desde Python en Linux!")
```

- Ejecutar el script:

  bash

  ```
  python3 hola_mundo.py
  ```

1.5. Frameworks y Aplicaciones Comunes

- **Flask/Django**: Desarrollo web.
- **TensorFlow/PyTorch**: Machine learning.
- **Selenium**: Pruebas automatizadas.

2. Java: Plataforma y Portabilidad

2.1. ¿Por qué Java?

Java es un lenguaje orientado a objetos conocido por su portabilidad gracias a la máquina virtual de Java (JVM). Es ideal para aplicaciones empresariales, desarrollo web, y sistemas grandes.

2.2. Instalación de Java en Linux

1. **Instalar OpenJDK** (implementación gratuita de Java):

   bash

   ```
   sudo apt update
   sudo apt install default-jdk
   ```

2. Verificar la instalación:

```bash
java -version
```

2.3. Herramientas Clave

- **Maven** y **Gradle**: Gestión de proyectos y dependencias.
    - Instalar Maven:

        ```bash
        sudo apt install maven
        ```

    - Instalar Gradle:

        ```bash
        sudo apt install gradle
        ```

- **IDEs**:
    - **IntelliJ IDEA**: Excelente para grandes proyectos.
    - **Eclipse**: Amplio soporte para Java y plugins.

2.4. Ejemplo: Programa Java Básico

```java
// HolaMundo.java
public class HolaMundo {
    public static void main(String[] args) {
        System.out.println("Hola, mundo desde Java en Linux!");
    }
}
```

- Compilar y ejecutar:

    ```bash
    javac HolaMundo.java
    java HolaMundo
    ```

2.5. Frameworks Populares

- **Spring**: Desarrollo web y aplicaciones empresariales.
- **Hibernate**: ORM (mapeo objeto-relacional) para bases de datos.

3. C/C++: Rendimiento y Control

3.1. ¿Por qué C/C++?

Estos lenguajes son la base de muchos sistemas operativos, incluidas partes fundamentales de Linux. Son ideales para desarrollo de sistemas, videojuegos y aplicaciones de alto rendimiento.

3.2. Instalación de Herramientas

1. Instalar compiladores:

    ```bash
    sudo apt install build-essential
    ```

2. Verificar la instalación:

    ```bash
    gcc --version
    g++ --version
    ```

3.3. Ejemplo: Programa C/C++

C:

```c
// hola_mundo.c
#include <stdio.h>

int main() {
    printf("Hola, mundo desde C en Linux!\n");
    return 0;
}
```

- Compilar y ejecutar:

    ```bash
    gcc hola_mundo.c -o hola_mundo
    ./hola_mundo
    ```

C++:

```cpp
// hola_mundo.cpp
#include <iostream>
using namespace std;

int main() {
    cout << "Hola, mundo desde C++ en Linux!" << endl;
```

```
    return 0;
}
```

- Compilar y ejecutar:

    ```bash
    g++ hola_mundo.cpp -o hola_mundo
    ./hola_mundo
    ```

4. JavaScript y Node.js: Desarrollo Web y Backend

4.1. ¿Por qué JavaScript?

JavaScript es el lenguaje principal para desarrollo web, utilizado tanto en el frontend como en el backend gracias a Node.js.

4.2. Instalación de Node.js y npm

1. Instalar Node.js:

    ```bash
    sudo apt install nodejs npm
    ```

2. Verificar la instalación:

    ```bash
    node -v
    npm -v
    ```

4.3. Ejemplo: Script con Node.js
```javascript
// hola_mundo.js
console.log("Hola, mundo desde Node.js en Linux!");
```

- Ejecutar el script:

    ```bash
    node hola_mundo.js
    ```

4.4. Frameworks y Herramientas Comunes

- **React**: Desarrollo frontend.
- **Express**: Backend con Node.js.

- **Vue.js**: Framework progresivo para frontend.

5. Otros Lenguajes Populares en Linux

5.1. Go (Golang)

- Ideal para aplicaciones de red y servicios web.
- Instalación:

    ```bash
    sudo apt install golang
    ```

- Ejemplo:

    ```go
    package main
    import "fmt"

    func main() {
        fmt.Println("Hola, mundo desde Go!")
    }
    ```

5.2. Ruby

- Usado en desarrollo web con frameworks como **Ruby on Rails**.
- Instalación:

    ```bash
    sudo apt install ruby
    ```

5.3. PHP

- Popular para desarrollo web dinámico.
- Instalación:

    ```bash
    sudo apt install php
    ```

6. Gestión de Proyectos Multilenguaje

6.1. Docker para Contenedores

Docker permite ejecutar proyectos en diferentes lenguajes y entornos aislados.

- Instalar Docker:

    bash

    sudo apt install docker.io

6.2. VSCode para Multilenguaje

Con extensiones para Python, Java, C++, Node.js y más, VSCode es una excelente herramienta para proyectos con varios lenguajes.

9.1. Aplicaciones Esenciales para Productividad en Linux

Para los usuarios finales, Linux ofrece una amplia gama de aplicaciones diseñadas para cubrir necesidades de productividad personal y profesional. Estas herramientas permiten gestionar tareas, crear documentos, colaborar en equipos y realizar actividades cotidianas de manera eficiente. Con un enfoque en software de código abierto, Linux ofrece alternativas sólidas a las aplicaciones comerciales populares, asegurando accesibilidad y flexibilidad para todo tipo de usuarios.

A continuación, se describen las aplicaciones esenciales para la productividad en Linux, organizadas por categorías, con detalles sobre su instalación, uso y características principales.

1. Suites de Ofimática

1.1. LibreOffice

LibreOffice es una de las suites de ofimática más completas y populares en Linux. Es una alternativa de código abierto a Microsoft Office.

- **Componentes**:
    - **Writer**: Procesador de texto similar a Word.
    - **Calc**: Hojas de cálculo comparable a Excel.
    - **Impress**: Presentaciones equivalente a PowerPoint.
    - **Draw**: Herramienta de dibujo vectorial.

- **Base**: Base de datos similar a Access.
- **Instalación**:

```bash
sudo apt install libreoffice
```

- **Características Destacadas**:
  - Compatibilidad con formatos de Microsoft Office (DOCX, XLSX, PPTX).
  - Exportación directa a PDF.
  - Extensiones y plantillas para ampliar funcionalidades.

1.2. OnlyOffice

OnlyOffice es otra suite de ofimática que ofrece una experiencia más cercana a Microsoft Office.

- **Ventajas**:
  - Interfaz moderna y similar a Office 365.
  - Excelente integración con plataformas en la nube como Nextcloud.
  - Edición colaborativa en tiempo real.
- **Instalación**:

```bash
sudo snap install onlyoffice-desktopeditors
```

2. Gestión de Tareas y Notas

2.1. Todoist

Todoist es una herramienta de gestión de tareas que ayuda a organizar proyectos personales y profesionales.

- **Características**:
  - Tareas recurrentes, etiquetas y proyectos.
  - Sincronización con dispositivos móviles y navegadores.
- **Instalación**: Usar la versión web en navegadores o aplicaciones Snap:

```bash
sudo snap install todoist
```

2.2. Joplin

Joplin es una aplicación de notas de código abierto, ideal para la organización personal.

- **Ventajas**:
    - Sincronización con servicios como Dropbox y Nextcloud.
    - Soporte para Markdown.
    - Cifrado de extremo a extremo.
- **Instalación**:

```bash
sudo apt install joplin
```

3. Gestión de Correos Electrónicos

3.1. Thunderbird

Thunderbird, desarrollado por Mozilla, es un cliente de correo robusto y personalizable.

- **Características**:
    - Gestión de múltiples cuentas.
    - Soporte para calendarios y tareas (con extensiones).
    - Integración con Gmail, Outlook, y más.
- **Instalación**:

```bash
sudo apt install thunderbird
```

3.2. Evolution

Evolution es una alternativa poderosa con funcionalidades integradas de correo, calendario y contactos.

- **Ventajas**:
    - Diseñado para entornos GNOME.
    - Soporte nativo para Microsoft Exchange.
- **Instalación**:

```bash
sudo apt install evolution
```

4. Colaboración y Comunicación

4.1. Zoom

Zoom es una herramienta popular para videoconferencias y reuniones virtuales.

- **Instalación**: Descargar el paquete `.deb` desde zoom.us o instalar mediante Snap:

  ```bash
  sudo snap install zoom-client
  ```

4.2. Microsoft Teams

Teams permite la colaboración en equipos a través de chat, videollamadas y archivos compartidos.

- **Instalación**: Descargar el paquete desde el sitio oficial o usar Snap:

  ```bash
  sudo snap install teams
  ```

4.3. Slack

Slack es una plataforma de comunicación para equipos, ideal para entornos profesionales.

- **Instalación**:

  ```bash
  sudo snap install slack
  ```

5. Navegadores Web

5.1. Firefox

Firefox es un navegador web de código abierto centrado en la privacidad.

- **Características**:
    - Amplias opciones de personalización.
    - Soporte para extensiones.
    - Funciones avanzadas de privacidad.
- **Instalación**:

```bash
sudo apt install firefox
```

5.2. Google Chrome

Google Chrome es conocido por su velocidad y compatibilidad con aplicaciones web.

- **Instalación**: Descargar el paquete `.deb` desde el sitio oficial:

```bash
wget https://dl.google.com/linux/direct/google-chrome-stable_current_amd64.deb
sudo apt install ./google-chrome-stable_current_amd64.deb
```

6. Gestión de Archivos y Almacenamiento

6.1. Nextcloud

Nextcloud es una solución de almacenamiento en la nube de código abierto que permite gestionar archivos y sincronizarlos entre dispositivos.

- **Instalación**:

```bash
sudo snap install nextcloud
```

6.2. FileZilla

FileZilla es un cliente FTP que facilita la transferencia de archivos.

- **Instalación**:

```bash
sudo apt install filezilla
```

7. Edición y Diseño Gráfico

7.1. GIMP

GIMP es un editor de imágenes avanzado, similar a Photoshop.

- **Instalación**:

  ```bash
  sudo apt install gimp
  ```

7.2. Inkscape

Inkscape es una herramienta de dibujo vectorial para diseño gráfico.

- **Instalación**:

  ```bash
  sudo apt install inkscape
  ```

8. Gestión de Calendarios

8.1. Google Calendar

- **Uso**: Acceso desde navegadores o mediante integración con Thunderbird o Evolution.

8.2. KOrganizer

- **Descripción**: Una aplicación de calendario y tareas para entornos KDE.
- **Instalación**:

  ```bash
  sudo apt install korganizer
  ```

9. Herramientas de Automatización y Escritura

9.1. Typora

Typora es un editor de Markdown con vista previa en tiempo real.

- **Instalación**: Descargar desde el sitio oficial o instalar Snap:

  ```bash
  sudo snap install typora
  ```

9.2. AutoKey

AutoKey permite automatizar tareas repetitivas mediante macros y atajos de teclado.

- **Instalación**:

```bash
sudo apt install autokey
```

9.2. Navegadores, Editores de Texto y Herramientas Multimedia en Linux

El sistema operativo Linux ofrece una amplia variedad de aplicaciones para cubrir necesidades de navegación web, edición de texto y manejo de archivos multimedia. Estas herramientas permiten a los usuarios finales realizar tareas esenciales de forma eficiente, con un enfoque en la personalización, la flexibilidad y el uso de software de código abierto.

A continuación, se exploran las aplicaciones más relevantes en estas categorías, describiendo sus características principales, métodos de instalación y casos de uso prácticos.

1. Navegadores Web

Los navegadores son esenciales para acceder a internet y realizar tareas como la navegación web, el uso de aplicaciones en la nube y la investigación en línea. Linux ofrece una variedad de navegadores para satisfacer las diferentes necesidades de los usuarios.

1.1. Firefox

Mozilla Firefox es uno de los navegadores más populares y respetados en Linux, conocido por su enfoque en la privacidad.

- **Características**:
  - Alta personalización mediante extensiones y temas.
  - Herramientas avanzadas de privacidad como protección contra rastreo.
  - Sincronización con otros dispositivos mediante cuentas de Firefox.
- **Instalación**:

```bash
sudo apt install firefox
```

- **Casos de Uso**:
    - Ideal para usuarios que buscan privacidad en línea.
    - Compatible con una amplia gama de tecnologías web.

1.2. Google Chrome

Google Chrome es conocido por su velocidad y soporte para aplicaciones web avanzadas.

- **Características**:
    - Integración con servicios de Google como Drive y Gmail.
    - Extensiones disponibles en la Chrome Web Store.
    - Soporte para aplicaciones web progresivas (PWAs).
- **Instalación**: Descargar el paquete `.deb` desde el sitio oficial:

```bash
wget https://dl.google.com/linux/direct/google-chrome-stable_current_amd64.deb
sudo apt install ./google-chrome-stable_current_amd64.deb
```

- **Casos de Uso**:
    - Ideal para usuarios que trabajan en el ecosistema Google.
    - Navegación rápida y estable.

1.3. Brave

Brave es un navegador orientado a la privacidad y el bloqueo de anuncios.

- **Características**:
    - Bloqueo automático de anuncios y rastreadores.
    - Integración con Tor para navegación anónima.
    - Recompensas de criptomonedas por ver anuncios opcionales.
- **Instalación**:

```bash
sudo apt install brave-browser
```

- **Casos de Uso**:
    - Usuarios interesados en una experiencia de navegación sin anuncios y centrada en la privacidad.

1.4. Chromium

Chromium es la versión de código abierto de Google Chrome.

- **Características**:
    - Sincronización con servicios de Google.
    - Compatibilidad con extensiones de Chrome.
- **Instalación**:

    bash

    ```
    sudo apt install chromium-browser
    ```

- **Casos de Uso**:
    - Alternativa ligera y sin rastreo para usuarios que prefieren un navegador basado en Chrome.

2. Editores de Texto

Los editores de texto en Linux abarcan desde herramientas básicas para escribir notas rápidas hasta entornos avanzados para programación.

2.1. Nano

Nano es un editor de texto basado en terminal que es simple y directo.

- **Características**:
    - Ligero y fácil de usar.
    - Atajos de teclado para navegación y edición.
- **Instalación**:

    bash

    ```
    sudo apt install nano
    ```

- **Casos de Uso**:
    - Ediciones rápidas en la terminal.
    - Usuarios principiantes en Linux.

2.2. Vim

Vim es un editor de texto poderoso y altamente configurable para usuarios avanzados.

- **Características**:
    - Modos de edición (normal, insertar, visual).
    - Altamente extensible mediante plugins.
- **Instalación**:

```bash
sudo apt install vim
```

- **Casos de Uso**:
    - Programadores que requieren control detallado sobre el texto.
    - Edición de archivos de configuración del sistema.

2.3. Gedit

Gedit es el editor de texto predeterminado en entornos GNOME.

- **Características**:
    - Interfaz gráfica limpia y fácil de usar.
    - Soporte para resaltar sintaxis en varios lenguajes de programación.
- **Instalación**:

```bash
sudo apt install gedit
```

- **Casos de Uso**:
    - Usuarios que necesitan un editor gráfico sencillo.
    - Ideal para escribir notas o editar scripts pequeños.

2.4. Visual Studio Code (VSCode)

VSCode es un editor de código multiplataforma con soporte para múltiples lenguajes.

- **Características**:
    - Extensiones para personalización y soporte de lenguajes.
    - Depuración integrada y control de versiones con Git.
    - Soporte para terminal integrado.
- **Instalación**:

```bash
sudo snap install code --classic
```

- **Casos de Uso**:
    - Desarrolladores que trabajan en proyectos complejos.

- Usuarios que necesitan herramientas avanzadas para programación.

3. Herramientas Multimedia

Linux ofrece un conjunto robusto de aplicaciones multimedia para edición de imágenes, audio, video y más.

3.1. GIMP (Editor de Imágenes)

GIMP es una alternativa de código abierto a Photoshop.

- **Características**:
    - Herramientas avanzadas de edición de imágenes.
    - Soporte para capas y plugins.
- **Instalación**:

    ```bash
    sudo apt install gimp
    ```

- **Casos de Uso**:
    - Diseñadores gráficos y fotógrafos.
    - Edición avanzada de imágenes.

3.2. Inkscape (Diseño Vectorial)

Inkscape es una herramienta de dibujo vectorial.

- **Características**:
    - Creación de gráficos vectoriales escalables.
    - Herramientas avanzadas para diseño técnico y artístico.
- **Instalación**:

    ```bash
    sudo apt install inkscape
    ```

- **Casos de Uso**:
    - Diseñadores de logotipos y gráficos vectoriales.
    - Creación de diagramas y mapas.

3.3. Audacity (Edición de Audio)

Audacity es una herramienta de edición y grabación de audio.

- **Características**:
    - Soporte para múltiples pistas.
    - Aplicación de efectos y filtros de audio.
- **Instalación**:

    bash

    ```
    sudo apt install audacity
    ```

- **Casos de Uso**:
    - Creación de podcasts y música.
    - Grabación y edición de audio profesional.

3.4. VLC Media Player

VLC es un reproductor multimedia que admite casi todos los formatos de audio y video.

- **Características**:
    - Soporte para transmisión de video en línea.
    - Opciones avanzadas para subtítulos y conversión de formatos.
- **Instalación**:

    bash

    ```
    sudo apt install vlc
    ```

- **Casos de Uso**:
    - Reproducción de contenido multimedia.
    - Usuarios que necesitan un reproductor versátil y confiable.

3.5. Kdenlive (Edición de Video)

Kdenlive es un editor de video no lineal para Linux.

- **Características**:
    - Línea de tiempo multi-pista.
    - Efectos y transiciones personalizables.
- **Instalación**:

    bash

    ```
    sudo apt install kdenlive
    ```

- **Casos de Uso**:
    - Edición de videos personales y profesionales.
    - Creación de contenido para redes sociales.

9.3. Uso de Herramientas Educativas en Linux

Linux es una plataforma ideal para la educación debido a su flexibilidad, estabilidad y la disponibilidad de herramientas de código abierto diseñadas específicamente para facilitar el aprendizaje y la enseñanza. Estas herramientas educativas abarcan desde programas para gestión de aulas y tutorías, hasta software para aprendizaje STEM, idiomas, diseño gráfico y más. En esta sección, se describen de forma detallada las herramientas educativas más relevantes disponibles en Linux, su instalación y sus casos de uso.

1. Herramientas para Gestión de Aulas

1.1. Moodle

Moodle es una plataforma de gestión del aprendizaje (LMS, por sus siglas en inglés) ampliamente utilizada en entornos educativos.

- **Características**:
    - Creación de cursos en línea.
    - Seguimiento del progreso del estudiante.
    - Soporte para tareas, exámenes y calificaciones.
- **Instalación**: Moodle se ejecuta como una aplicación web, normalmente en un servidor Apache con PHP y MySQL.

    ```bash
    sudo apt update
    sudo apt install apache2 mysql-server php libapache2-mod-php php-mysql
    ```

    Descargar Moodle desde su sitio oficial e instalarlo en el servidor.

- **Casos de Uso**:
    - Instituciones educativas que necesitan una solución de aprendizaje en línea.
    - Docentes que desean gestionar cursos y recursos digitales.

1.2. iTALC (Intelligent Teaching And Learning with Computers)

iTALC es una herramienta para la gestión y control de aulas informáticas.

- **Características**:
    - Supervisión de las pantallas de los estudiantes en tiempo real.
    - Control remoto de equipos para asistencia.
    - Envío de mensajes o instrucciones a los estudiantes.
- **Instalación**:

```bash
sudo apt install italc
```

- **Casos de Uso**:
    - Monitoreo y asistencia en aulas de informática.
    - Docentes que desean interactuar con los estudiantes directamente desde su estación de trabajo.

2. Herramientas para STEM (Ciencia, Tecnología, Ingeniería y Matemáticas)

2.1. GeoGebra

GeoGebra es una herramienta interactiva para matemáticas, geometría, álgebra y cálculo.

- **Características**:
    - Visualización de ecuaciones y funciones.
    - Herramientas para graficar y manipular figuras geométricas.
    - Uso en pizarras interactivas.
- **Instalación**:

```bash
sudo apt install geogebra
```

- **Casos de Uso**:
    - Clases de matemáticas y física.
    - Investigaciones científicas que requieran visualización matemática.

2.2. Octave

GNU Octave es una alternativa de código abierto a MATLAB.

- **Características**:

- Entorno para cálculos numéricos.
- Soporte para álgebra lineal, ecuaciones diferenciales y visualización de datos.
- **Instalación**:

```bash
sudo apt install octave
```

- **Casos de Uso**:
  - Investigaciones en ingeniería y ciencias.
  - Estudiantes que necesiten realizar cálculos avanzados sin costos de licencia.

2.3. Stellarium

Stellarium es un planetario virtual para aprender astronomía.

- **Características**:
  - Simulación de estrellas, constelaciones y planetas.
  - Visualización en tiempo real basada en ubicación geográfica.
- **Instalación**:

```bash
sudo apt install stellarium
```

- **Casos de Uso**:
  - Clases de astronomía.
  - Entusiastas de la observación del cielo.

3. Herramientas para Aprendizaje de Idiomas

3.1. Anki

Anki es una aplicación de tarjetas de memoria para aprendizaje repetitivo espaciado.

- **Características**:
  - Creación de mazos personalizados para vocabulario, conceptos y más.
  - Sincronización entre dispositivos.
- **Instalación**:

```bash
sudo apt install anki
```

- **Casos de Uso**:
  - Estudiantes de idiomas que necesitan aprender vocabulario.

- o Preparación para exámenes estandarizados.

3.2. Duolingo (versión web)

Duolingo no tiene una aplicación nativa en Linux, pero se puede usar a través del navegador.

- **Características**:
    - o Cursos interactivos en una amplia variedad de idiomas.
    - o Lecciones gamificadas para mantener el interés.
- **Uso**: Acceder desde el navegador:

```bash
firefox https://www.duolingo.com
```

- **Casos de Uso**:
    - o Aprendizaje autodirigido de idiomas.
    - o Refuerzo de vocabulario y gramática.

4. Herramientas para Creatividad y Diseño

4.1. Tux Paint

Tux Paint es un programa de dibujo para niños.

- **Características**:
    - o Interfaz amigable y colorida.
    - o Herramientas básicas de dibujo con efectos especiales.
- **Instalación**:

```bash
sudo apt install tuxpaint
```

- **Casos de Uso**:
    - o Introducción al diseño gráfico para niños.
    - o Desarrollo de la creatividad en edades tempranas.

4.2. Blender

Blender es una herramienta avanzada para modelado 3D, animación y renderizado.

- **Características**:
    - Soporte para animaciones, simulaciones y diseño 3D.
    - Interfaz profesional con amplias capacidades de personalización.
- **Instalación**:

    bash

    ```
    sudo apt install blender
    ```

- **Casos de Uso**:
    - Proyectos educativos relacionados con animación o diseño 3D.
    - Formación en medios digitales.

5. Herramientas para Gestión de Recursos Educativos

5.1. OpenBoard

OpenBoard es una herramienta de pizarra interactiva.

- **Características**:
    - Dibujo, escritura y anotación en tiempo real.
    - Compatible con pizarras interactivas.
- **Instalación**:

    bash

    ```
    sudo apt install openboard
    ```

- **Casos de Uso**:
    - Clases en línea o presenciales.
    - Docentes que necesitan explicar conceptos visualmente.

5.2. Calibre

Calibre es un gestor de libros electrónicos.

- **Características**:
    - Conversión entre formatos de libros electrónicos (ePub, PDF, MOBI).
    - Organización de bibliotecas digitales.
- **Instalación**:

    bash

    ```
    sudo apt install calibre
    ```

- **Casos de Uso**:

- Acceso y gestión de recursos digitales para estudiantes.
- Distribución de libros electrónicos en entornos educativos.

6. Simuladores Educativos

6.1. PhET Interactive Simulations

PhET es una colección de simulaciones interactivas en física, química, biología y matemáticas.

- **Características**:
    - Experimentos virtuales interactivos.
    - Compatible con entornos web y de escritorio.
- **Uso**: Ejecutar desde el navegador:

```bash
firefox https://phet.colorado.edu
```

- **Casos de Uso**:
    - Enseñanza de ciencias en secundaria y universidad.
    - Refuerzo práctico para conceptos teóricos.

7. Herramientas para Programación y Robótica

7.1. Scratch

Scratch es una herramienta para aprender programación mediante bloques visuales.

- **Características**:
    - Entorno amigable para niños.
    - Creación de juegos y animaciones.
- **Instalación**:

```bash
sudo apt install scratch
```

- **Casos de Uso**:
    - Introducción a la programación.
    - Talleres de robótica educativa.

7.2. Arduino IDE

Arduino IDE es el entorno de desarrollo para programar placas Arduino.

- **Características**:
    - Escribir y cargar código en placas Arduino.
    - Herramientas para depuración.
- **Instalación**:

```bash
sudo apt install arduino
```

- **Casos de Uso**:
    - Proyectos de robótica y electrónica.
    - Formación en programación de hardware.

Sección 4: Avanzando en la Enseñanza de Linux

10. Redes y Seguridad

10.1. Conceptos Básicos de Redes en Linux

Linux es ampliamente utilizado en el ámbito de redes debido a su estabilidad, flexibilidad y herramientas integradas para gestionar y analizar conexiones de red. Este sistema operativo proporciona capacidades avanzadas para configurar redes locales, manejar conexiones a internet, y garantizar la seguridad y eficiencia en la transmisión de datos. En esta sección, exploraremos los conceptos básicos de redes en Linux, incluyendo sus componentes, herramientas y configuraciones esenciales.

1. Fundamentos de Redes en Linux

1.1. ¿Qué es una Red?

Una red es un conjunto de dispositivos conectados entre sí que comparten recursos y se comunican a través de protocolos estándar como TCP/IP. En Linux, la red puede ser configurada y monitoreada usando herramientas integradas y de terceros.

1.2. Elementos de una Red

1. **Dirección IP (Internet Protocol)**:
    - Identifica de manera única un dispositivo en una red.
    - IPv4 (por ejemplo, `192.168.1.1`) y IPv6 (por ejemplo, `2001:0db8::1`).
2. **Máscara de Subred**:
    - Determina qué parte de una dirección IP corresponde a la red y qué parte al host.

- Ejemplo: 255.255.255.0.
3. **Puerta de Enlace (Gateway)**:
    - Es el punto de acceso para salir de la red local hacia otras redes.
4. **DNS (Domain Name System)**:
    - Traduce nombres de dominio (como `google.com`) a direcciones IP.

1.3. Protocolos Clave en Redes

1. **TCP/IP (Transmission Control Protocol/Internet Protocol)**:
    - Protocolo principal para la comunicación en redes.
    - TCP: Proporciona transmisión confiable.
    - IP: Encargado del direccionamiento y enrutamiento.
2. **UDP (User Datagram Protocol)**:
    - Protocolo ligero, útil para aplicaciones donde la velocidad es prioritaria sobre la fiabilidad (como streaming).
3. **ICMP (Internet Control Message Protocol)**:
    - Usado para diagnóstico y control de redes (por ejemplo, el comando `ping`).

2. Configuración de Redes en Linux

2.1. Interfaces de Red

Las interfaces de red representan la conexión física o virtual de un dispositivo a una red.

Tipos Comunes de Interfaces:

1. **Ethernet (eth0, enp0s3)**: Conexión cableada.
2. **Wi-Fi (wlan0, wlp2s0)**: Conexión inalámbrica.
3. **Loopback (lo)**: Usado para pruebas locales.

2.2. Verificar Interfaces y Configuración

- **Mostrar interfaces de red activas**:

    ```bash
    ip addr
    ```

    Ejemplo de salida:

    ```sql
    2: enp0s3: <UP,BROADCAST> mtu 1500 qdisc pfifo_fast state UP group default
        inet 192.168.1.100/24 brd 192.168.1.255 scope global enp0s3
    ```

- **Mostrar estadísticas de red**:

```bash
ifconfig
```

Si el comando no está disponible, instálalo:

```bash
sudo apt install net-tools
```

2.3. Configurar una Dirección IP Manualmente

Para configurar una dirección IP estática:

1. **Editar configuración en sistemas basados en NetworkManager**:
    - Archivo de configuración: `/etc/netplan/01-netcfg.yaml` (en distribuciones como Ubuntu).
    - Ejemplo de configuración:

      ```yaml
      network:
        version: 2
        renderer: networkd
        ethernets:
          enp0s3:
            dhcp4: no
            addresses:
              - 192.168.1.150/24
            gateway4: 192.168.1.1
            nameservers:
              addresses:
                - 8.8.8.8
                - 8.8.4.4
      ```

2. **Aplicar los cambios**:

   ```bash
   sudo netplan apply
   ```

3. Herramientas de Redes en Linux

3.1. Ping

- **Propósito**: Verificar la conectividad entre dos dispositivos.
- **Uso**:

  ```bash
  ping google.com
  ```

- Salida típica:

    ```python
    PING google.com (142.250.72.206): 56 data bytes
    64 bytes from 142.250.72.206: icmp_seq=1 ttl=117 time=11.2 ms
    ```

3.2. Traceroute

- **Propósito**: Mostrar el camino que sigue un paquete hacia su destino.
- **Instalación**:

  ```bash
  sudo apt install traceroute
  ```

- **Uso**:

  ```bash
  traceroute google.com
  ```

3.3. Netstat (o ss)

- **Propósito**: Ver estadísticas de red y conexiones activas.
- **Uso**:

  ```bash
  netstat -tuln
  ```

  Alternativa moderna:

  ```bash
  ss -tuln
  ```

3.4. Curl y Wget

- **Propósito**: Transferencia de datos desde o hacia servidores.
- **Uso de Curl**:

  ```bash
  curl -I https://www.google.com
  ```

- **Uso de Wget**:

  ```bash
  wget https://example.com/archivo.zip
  ```

3.5. Nmap

- **Propósito**: Escaneo de puertos y auditoría de seguridad.
- **Instalación**:

```bash
sudo apt install nmap
```

- **Escanear un host**:

```bash
nmap 192.168.1.1
```

4. Configuración de DNS

4.1. Configuración Temporal

Modificar temporalmente el servidor DNS:

```bash
sudo systemd-resolve --set-dns=8.8.8.8 --interface=enp0s3
```

4.2. Configuración Permanente

Editar el archivo de configuración:

- **Archivo**: `/etc/resolv.conf`
- **Agregar**:

```
nameserver 8.8.8.8
nameserver 8.8.4.4
```

5. Configuración de Rutas

Las rutas determinan cómo el sistema encuentra redes específicas.

5.1. Ver las Rutas Actuales

```bash
ip route show
```

5.2. Añadir una Ruta Estática

```bash
```

```
sudo ip route add 192.168.2.0/24 via 192.168.1.1 dev enp0s3
```

5.3. Eliminar una Ruta

bash

```
sudo ip route del 192.168.2.0/24
```

6. Diagnóstico y Solución de Problemas

6.1. Verificar Conexiones con `nmcli`

- **Listar todas las conexiones**:

    bash

    ```
    nmcli connection show
    ```

- **Reiniciar una conexión**:

    bash

    ```
    nmcli connection up id "Conexión Ethernet"
    ```

6.2. Analizar Paquetes con Wireshark

Wireshark es una herramienta avanzada para capturar y analizar tráfico de red.

- **Instalación**:

    bash

    ```
    sudo apt install wireshark
    ```

- **Uso**: Iniciar la captura seleccionando la interfaz de red.

7. Buenas Prácticas

1. **Seguridad en Redes**:
    - Configurar firewalls usando **UFW**:

        bash

        ```
        sudo ufw enable
        sudo ufw allow ssh
        ```

    - Monitorizar conexiones sospechosas con herramientas como `nmap`.

2. **Documentación**:
    - Documentar configuraciones personalizadas, especialmente direcciones IP estáticas y rutas.
3. **Supervisión Continua**:
    - Usar herramientas como **Netdata** o **Nagios** para monitorear el rendimiento de la red.

10.2. Configuración de Firewalls con UFW e iptables

La configuración de firewalls en Linux es esencial para proteger los sistemas contra accesos no autorizados, ataques y tráfico malicioso. Linux ofrece herramientas poderosas como **UFW (Uncomplicated Firewall)** y **iptables**, que permiten a los administradores gestionar las políticas de red y controlar el tráfico entrante y saliente. En esta sección, se describe cómo configurar y usar estas herramientas para implementar políticas de seguridad efectivas.

1. Conceptos Básicos de Firewalls

Un firewall actúa como una barrera de seguridad que filtra el tráfico de red según reglas definidas. Estas reglas determinan qué conexiones se permiten o bloquean, protegiendo el sistema de posibles amenazas.

1.1. Tipos de Tráfico

1. **Entrante**: Datos que llegan al sistema desde una red externa.
2. **Saliente**: Datos enviados desde el sistema a otras redes.
3. **Rutas Internas**: Comunicación dentro de la red local.

1.2. Objetivos de un Firewall

- Proteger el sistema de accesos no autorizados.
- Permitir conexiones legítimas según servicios requeridos.
- Monitorear y registrar intentos de acceso.

2. UFW (Uncomplicated Firewall)

UFW es una herramienta sencilla diseñada para facilitar la configuración de iptables. Es ideal para usuarios que buscan una solución rápida y efectiva sin la complejidad de gestionar reglas directamente en iptables.

2.1. Instalación de UFW

En la mayoría de las distribuciones Linux modernas, UFW viene preinstalado. Si no está disponible:

```bash
sudo apt install ufw
```

2.2. Habilitar y Deshabilitar UFW

- **Habilitar UFW**:

    ```bash
    sudo ufw enable
    ```

- **Deshabilitar UFW**:

    ```bash
    sudo ufw disable
    ```

2.3. Comandos Básicos de UFW

- **Ver el estado del firewall**:

    ```bash
    sudo ufw status
    ```

- **Permitir tráfico en un puerto específico**:

    ```bash
    sudo ufw allow 22
    ```

    Esto permite conexiones SSH en el puerto 22.

- **Denegar tráfico en un puerto**:

    ```bash
    sudo ufw deny 80
    ```

    Bloquea el tráfico HTTP en el puerto 80.

- **Permitir tráfico por protocolo y dirección IP**:

    ```bash
    sudo ufw allow from 192.168.1.100 to any port 3306 proto tcp
    ```

Esto permite conexiones TCP desde `192.168.1.100` al puerto MySQL (3306).

- **Eliminar una regla**:

  bash

  ```
  sudo ufw delete allow 22
  ```

2.4. Configuración de Políticas Predeterminadas

- **Permitir todo el tráfico saliente y bloquear el entrante**:

  bash

  ```
  sudo ufw default deny incoming
  sudo ufw default allow outgoing
  ```

- **Bloquear todo el tráfico por defecto**:

  bash

  ```
  sudo ufw default deny incoming
  sudo ufw default deny outgoing
  ```

2.5. Registro y Monitoreo

- **Habilitar registros**:

  bash

  ```
  sudo ufw logging on
  ```

- Los registros se almacenan en `/var/log/ufw.log`.

3. iptables

iptables es una herramienta más avanzada que permite a los administradores personalizar reglas de filtrado de paquetes a nivel de red. Aunque puede ser más complejo que UFW, proporciona un control detallado sobre las políticas de red.

3.1. Conceptos Clave de iptables

1. **Tablas**:
   - **Filter**: Maneja las reglas de filtrado.
   - **NAT**: Gestiona el enrutamiento y la traducción de direcciones.
   - **Mangle**: Modifica paquetes (TTL, marcadores, etc.).
2. **Cadenas (Chains)**:
   - **INPUT**: Tráfico entrante.
   - **OUTPUT**: Tráfico saliente.
   - **FORWARD**: Paquetes que pasan por el sistema hacia otra red.

3. **Reglas**: Definen el comportamiento para los paquetes según sus características (dirección IP, protocolo, puerto).

3.2. Ver el Estado Actual de iptables

bash

```
sudo iptables -L -v
```

3.3. Comandos Básicos de iptables

3.3.1. Permitir y Bloquear Conexiones

- **Permitir tráfico SSH (puerto 22)**:

    bash

    ```
    sudo iptables -A INPUT -p tcp --dport 22 -j ACCEPT
    ```

- **Bloquear tráfico HTTP (puerto 80)**:

    bash

    ```
    sudo iptables -A INPUT -p tcp --dport 80 -j DROP
    ```

3.3.2. Configurar Políticas Predeterminadas

- **Bloquear todo el tráfico entrante y permitir el saliente**:

    bash

    ```
    sudo iptables -P INPUT DROP
    sudo iptables -P OUTPUT ACCEPT
    sudo iptables -P FORWARD DROP
    ```

3.3.3. Eliminar una Regla

- **Especificar la regla exacta para eliminar**:

    bash

    ```
    sudo iptables -D INPUT -p tcp --dport 22 -j ACCEPT
    ```

- **Eliminar todas las reglas**:

    bash

    ```
    sudo iptables -F
    ```

3.4. Persistencia de Reglas en iptables

Por defecto, las reglas de iptables no persisten tras un reinicio. Para hacerlas permanentes:

1. Instalar el paquete de persistencia:

   bash

   ```
   sudo apt install iptables-persistent
   ```

2. Guardar las reglas actuales:

   bash

   ```
   sudo netfilter-persistent save
   ```

3. Cargar las reglas automáticamente al inicio:

   bash

   ```
   sudo netfilter-persistent reload
   ```

4. Comparación entre UFW e iptables

Característica	UFW	iptables
Facilidad de Uso	Intuitivo, ideal para principiantes.	Requiere conocimientos avanzados.
Flexibilidad	Limitada a reglas básicas.	Control completo sobre el tráfico.
Persistencia	Predeterminada.	Requiere configuración adicional.
Casos de Uso	Configuraciones rápidas y sencillas.	Reglas complejas y específicas.

5. Buenas Prácticas para la Configuración de Firewalls

1. **Principio de Mínimos Privilegios**:
   - Bloquea todo el tráfico por defecto y permite solo lo necesario.
   - Ejemplo con UFW:

     bash

     ```
     sudo ufw default deny incoming
     sudo ufw default deny outgoing
     ```

2. **Reglas Documentadas**:
   - Mantén un archivo separado con las reglas configuradas para referencia futura.
3. **Pruebas en Ambiente Controlado**:

- o Implementa y verifica reglas en un entorno de prueba antes de aplicarlas en producción.
4. **Monitoreo Regular**:
    - o Usa herramientas como `fail2ban` para bloquear intentos de fuerza bruta y revisar los registros periódicamente.
5. **Auditorías de Seguridad**:
    - o Realiza auditorías regulares para asegurar que las reglas del firewall cumplen con los requisitos de seguridad.

10.3. Introducción a la Ciberseguridad

La ciberseguridad es una disciplina clave en el ámbito informático que busca proteger los sistemas, redes y datos frente a accesos no autorizados, ataques maliciosos y daños accidentales. En un entorno cada vez más digitalizado, garantizar la seguridad de la información y los servicios es fundamental tanto para usuarios individuales como para organizaciones.

A continuación, exploraremos los conceptos fundamentales de la ciberseguridad, las principales amenazas, y las estrategias esenciales para proteger sistemas Linux.

1. ¿Qué es la Ciberseguridad?

La ciberseguridad consiste en la implementación de medidas técnicas, organizativas y legales para proteger los activos digitales, como la información, la infraestructura de red y los sistemas computacionales.

1.1. Objetivos Principales

1. **Confidencialidad**: Garantizar que la información solo sea accesible para usuarios autorizados.
2. **Integridad**: Asegurar que los datos no sean alterados de forma no autorizada.
3. **Disponibilidad**: Garantizar que los sistemas y datos estén accesibles cuando se necesiten.
4. **Autenticación**: Verificar que los usuarios y sistemas sean quienes dicen ser.
5. **No Repudio**: Asegurar que las acciones realizadas puedan ser verificadas y no denegadas.

2. Principales Amenazas de Seguridad

2.1. Malware

El malware (software malicioso) incluye una variedad de programas diseñados para dañar sistemas o robar información. Algunos tipos comunes son:

- **Virus**: Programas que infectan archivos y se replican.
- **Ransomware**: Encripta datos del sistema y exige un rescate para liberarlos.
- **Troyanos**: Programas maliciosos disfrazados como software legítimo.

2.2. Ataques de Red

- **Phishing**: Engaños mediante correos electrónicos o sitios web falsos para obtener credenciales.
- **Ataques DDoS (Distributed Denial of Service)**: Sobrecarga de un sistema para inutilizarlo.
- **Interceptación de Datos**: Ataques como el *man-in-the-middle* para capturar datos sensibles.

2.3. Vulnerabilidades de Software

Errores en el software que pueden ser explotados por atacantes para comprometer un sistema.

2.4. Ingeniería Social

Manipulación de usuarios para obtener información confidencial, como contraseñas o datos personales.

3. Estrategias Básicas de Ciberseguridad

3.1. Actualización Regular del Sistema

Mantener el sistema Linux actualizado es fundamental para protegerse contra vulnerabilidades conocidas.

- **Actualizar en Debian/Ubuntu**:

    ```bash
    sudo apt update && sudo apt upgrade -y
    ```

- **Actualizar en CentOS/RHEL**:

    ```bash
    sudo dnf update -y
    ```

3.2. Uso de Contraseñas Fuertes

Las contraseñas deben ser únicas, largas y contener una combinación de letras, números y caracteres especiales.

- **Herramientas para Gestión de Contraseñas**:
    - **KeePassXC**: Administrador de contraseñas.

    ```bash
    sudo apt install keepassxc
    ```

- **Comprobación de Contraseñas Débiles**: Usar herramientas como `cracklib`:

    ```bash
    sudo apt install libpam-cracklib
    ```

3.3. Configuración de Firewalls

Un firewall filtra el tráfico de red para permitir solo conexiones autorizadas.

- **UFW** (Fácil de usar):

    ```bash
    sudo ufw enable
    sudo ufw allow ssh
    ```

- **iptables** (Avanzado):

    ```bash
    sudo iptables -A INPUT -p tcp --dport 22 -j ACCEPT
    ```

4. Seguridad en Redes

4.1. Encriptación de Conexiones

- Usar herramientas como **OpenSSH** para conexiones seguras:

    ```bash
    sudo apt install openssh-server
    ```

- Configurar acceso solo con claves públicas:
    1. Generar una clave SSH:

        ```bash
        ssh-keygen
        ```

    2. Copiar la clave al servidor:

```bash
ssh-copy-id usuario@servidor
```

4.2. Monitoreo de la Red

- **Wireshark**: Captura y analiza tráfico de red.

    ```bash
    sudo apt install wireshark
    ```

- **Netstat**: Ver conexiones activas.

    ```bash
    netstat -tuln
    ```

5. Seguridad del Sistema

5.1. Control de Acceso

- Configurar permisos adecuados para archivos y directorios.

    ```bash
    chmod 600 archivo.conf
    chown usuario:grupo archivo.conf
    ```

5.2. Gestión de Usuarios

- Crear usuarios con permisos limitados.

    ```bash
    sudo adduser nuevo_usuario
    sudo usermod -aG grupo nuevo_usuario
    ```

- Deshabilitar el acceso de root vía SSH:
    - Editar `/etc/ssh/sshd_config`:

        ```perl
        PermitRootLogin no
        ```

    - Reiniciar el servicio:

        ```bash
        sudo systemctl restart sshd
        ```

5.3. Auditoría del Sistema

- Usar **auditd** para rastrear cambios en el sistema.

    ```bash
    sudo apt install auditd
    sudo auditctl -w /etc/passwd -p wa -k passwd_changes
    ```

6. Buenas Prácticas de Seguridad

6.1. Copias de Seguridad

Realizar respaldos regulares y almacenarlos en ubicaciones seguras.

- Usar **rsync**:

    ```bash
    rsync -av --delete /carpeta/origen /carpeta/destino
    ```

- Usar herramientas como **Deja Dup** para copias automatizadas.

6.2. Implementación de Autenticación de Dos Factores (2FA)

- Instalar Google Authenticator para SSH:

    ```bash
    sudo apt install libpam-google-authenticator
    ```

- Configurar 2FA:

    ```bash
    google-authenticator
    ```

6.3. Registro y Monitoreo

- Revisar registros en `/var/log` para detectar actividades sospechosas.
- Implementar herramientas de monitoreo como **Fail2Ban** para bloquear intentos de acceso no autorizado:

    ```bash
    sudo apt install fail2ban
    ```

7. Educación y Cultura de Seguridad

La ciberseguridad no solo depende de herramientas técnicas, sino también de la conciencia de los usuarios. Es esencial capacitar a los usuarios para:

1. Reconocer correos electrónicos sospechosos.
2. Usar contraseñas seguras.
3. Reportar actividades inusuales.

11.1. Contenedores y Docker en Linux

Los contenedores y herramientas como **Docker** han revolucionado la forma en que se desarrollan, despliegan y administran aplicaciones. Linux es la plataforma principal para ejecutar contenedores debido a su flexibilidad, eficiencia y soporte nativo para tecnologías relacionadas. En esta sección, exploraremos en profundidad qué son los contenedores, cómo funcionan, y cómo Docker facilita su uso para maximizar la productividad en entornos locales y en la nube.

1. Introducción a los Contenedores

1.1. ¿Qué es un Contenedor?

Un contenedor es una tecnología de virtualización ligera que empaqueta una aplicación junto con todas sus dependencias (bibliotecas, configuraciones, y más) en una única unidad ejecutable. A diferencia de las máquinas virtuales (VMs), los contenedores comparten el núcleo del sistema operativo, lo que los hace más ligeros y rápidos.

Diferencias entre Contenedores y Máquinas Virtuales

Aspecto	Contenedores	Máquinas Virtuales (VMs)
Ejecución	Comparte el núcleo del SO	Cada VM tiene su propio SO
Tamaño	Ligero (MBs)	Pesado (GBs)
Inicio	Rápido (segundos)	Lento (minutos)
Uso de Recursos	Más eficiente	Mayor consumo de recursos

1.2. Ventajas de los Contenedores

1. **Portabilidad**: Un contenedor que funciona en una máquina funcionará igual en cualquier otra que tenga el mismo runtime.
2. **Eficiencia**: Consume menos recursos que las VMs.
3. **Escalabilidad**: Ideal para arquitecturas modernas como microservicios.
4. **Consistencia**: Las dependencias y configuraciones están incluidas, eliminando problemas de "funciona en mi máquina".

2. Docker: Introducción

2.1. ¿Qué es Docker?

Docker es una plataforma de contenedores de código abierto que simplifica la creación, implementación y ejecución de contenedores. Docker utiliza imágenes (templates ligeros de contenedores) para construir contenedores.

2.2. Componentes Clave de Docker

1. **Docker Engine**: La tecnología principal que ejecuta y gestiona contenedores.
2. **Imágenes**: Plantillas para crear contenedores, almacenadas en repositorios como **Docker Hub**.
3. **Contenedores**: Instancias ejecutables de imágenes.
4. **Docker Compose**: Herramienta para definir y ejecutar aplicaciones multi-contenedor usando archivos YAML.
5. **Docker Swarm/Kubernetes**: Orquestadores para la gestión de múltiples contenedores en clústeres.

3. Instalación de Docker en Linux

3.1. Instalación en Ubuntu/Debian

1. **Actualizar el sistema**:

   bash

   ```
   sudo apt update && sudo apt upgrade -y
   ```

2. **Instalar dependencias**:

   bash

   ```
   sudo apt install apt-transport-https ca-certificates curl software-properties-common -y
   ```

3. **Añadir el repositorio oficial de Docker**:

   bash

```
curl -fsSL https://download.docker.com/linux/ubuntu/gpg | sudo
gpg --dearmor -o /usr/share/keyrings/docker-archive-keyring.gpg
echo "deb [arch=$(dpkg --print-architecture) signed-
by=/usr/share/keyrings/docker-archive-keyring.gpg]
https://download.docker.com/linux/ubuntu $(lsb_release -cs)
stable" | sudo tee /etc/apt/sources.list.d/docker.list >
/dev/null
```

4. **Instalar Docker**:

   bash

   ```
   sudo apt update
   sudo apt install docker-ce docker-ce-cli containerd.io -y
   ```

5. **Verificar la instalación**:

   bash

   ```
   docker --version
   ```

4. Uso Básico de Docker

4.1. Ejecutar un Contenedor

1. Descargar y ejecutar un contenedor:

   bash

   ```
   sudo docker run hello-world
   ```

   o Este comando descarga la imagen `hello-world` de Docker Hub y la ejecuta.

2. Correr un servidor web básico (NGINX):

   bash

   ```
   sudo docker run -d -p 8080:80 nginx
   ```

   o `-d`: Ejecuta el contenedor en segundo plano.
   o `-p 8080:80`: Mapea el puerto 80 del contenedor al puerto 8080 del host.

3. Ver contenedores en ejecución:

   bash

   ```
   sudo docker ps
   ```

4. Detener un contenedor:

   bash

   ```
   sudo docker stop <ID_del_contenedor>
   ```

5. Eliminar un contenedor:

```bash
sudo docker rm <ID_del_contenedor>
```

4.2. Gestión de Imágenes

1. **Buscar imágenes en Docker Hub**:

   ```bash
   docker search nginx
   ```

2. **Descargar una imagen**:

   ```bash
   docker pull nginx
   ```

3. **Listar imágenes locales**:

   ```bash
   docker images
   ```

4. **Eliminar una imagen**:

   ```bash
   docker rmi nginx
   ```

5. Creación de Imágenes Personalizadas

5.1. Usando un Dockerfile

Un **Dockerfile** es un archivo que contiene instrucciones para construir una imagen personalizada.

Ejemplo de **Dockerfile** para una aplicación básica:

```dockerfile
# Imagen base
FROM ubuntu:20.04

# Actualizar e instalar paquetes necesarios
RUN apt update && apt install -y python3 python3-pip
```

```
# Copiar archivos al contenedor
COPY app.py /app/

# Establecer el directorio de trabajo
WORKDIR /app

# Ejecutar la aplicación
CMD ["python3", "app.py"]
```

Pasos para construir y ejecutar la imagen:

1. Construir la imagen:

    bash

    docker build -t mi-aplicacion .

    - `-t`: Etiqueta para la imagen.
    - `.`: Ubicación del Dockerfile.
2. Ejecutar la imagen:

    bash

    docker run mi-aplicacion

6. Docker Compose

Docker Compose permite definir y ejecutar aplicaciones multi-contenedor con un archivo YAML.

6.1. Ejemplo de `docker-compose.yml`

Archivo YAML para ejecutar una aplicación web con NGINX y MySQL:

```yaml
version: "3.9"
services:
  web:
    image: nginx
    ports:
      - "8080:80"

  db:
    image: mysql:5.7
    environment:
      MYSQL_ROOT_PASSWORD: ejemplo
      MYSQL_DATABASE: mi_base_datos
```

6.2. Comandos de Docker Compose

1. **Iniciar los servicios**:

```bash
docker-compose up -d
```

2. **Detener los servicios**:

```bash
docker-compose down
```

7. Seguridad en Docker

1. **Ejecutar Docker como Usuario No Root**:
   - Añadir el usuario al grupo `docker`:

   ```bash
   sudo usermod -aG docker $USER
   ```

2. **Escaneo de Imágenes**:
   - Usar herramientas como **Docker Scout** o **Trivy** para detectar vulnerabilidades.
3. **Limitar Recursos**:
   - Restringir CPU y memoria:

   ```bash
   docker run -d --memory="512m" --cpus="1.0" nginx
   ```

4. **Eliminar Contenedores No Usados**:
   - Limpiar recursos innecesarios:

   ```bash
   docker system prune
   ```

8. Aplicaciones y Casos de Uso

8.1. Desarrollo

- Aislar entornos de desarrollo para evitar conflictos de dependencias.

8.2. CI/CD

- Integrar contenedores en pipelines de integración y despliegue continuo.

8.3. Microservicios

- Ejecutar componentes independientes de una aplicación en contenedores separados.

8.4. Pruebas

- Configurar entornos de prueba reproducibles.

11.2. Virtualización con VirtualBox y KVM

La virtualización es una tecnología fundamental en la informática moderna que permite ejecutar múltiples sistemas operativos en un solo equipo físico. En Linux, herramientas como **VirtualBox** y **KVM (Kernel-based Virtual Machine)** proporcionan soluciones eficientes y flexibles para virtualizar entornos, siendo ideales para desarrollo, pruebas, y formación.

En esta sección, exploraremos en profundidad las características de VirtualBox y KVM, su configuración y casos de uso.

1. ¿Qué es la Virtualización?

La virtualización consiste en crear entornos virtuales (máquinas virtuales, o VMs) que simulan un hardware físico. Estas VMs operan como sistemas independientes dentro de un único sistema físico (host).

1.1. Beneficios de la Virtualización

- **Eficiencia**: Maximiza el uso de recursos físicos, permitiendo ejecutar varios sistemas operativos en paralelo.
- **Flexibilidad**: Facilita la prueba de software en diferentes entornos.
- **Aislamiento**: Las máquinas virtuales son independientes entre sí, garantizando seguridad y estabilidad.
- **Escalabilidad**: Ideal para laboratorios y centros de datos.

2. VirtualBox: Introducción y Configuración

2.1. ¿Qué es VirtualBox?

VirtualBox es una solución de virtualización multiplataforma de código abierto desarrollada por Oracle. Es fácil de usar y ofrece una interfaz gráfica amigable, siendo una excelente opción para usuarios principiantes y avanzados.

2.2. Instalación de VirtualBox en Linux

1. **Actualizar el sistema**:

   bash

   ```
   sudo apt update && sudo apt upgrade -y
   ```

2. **Añadir el repositorio oficial de VirtualBox**:

   bash

   ```
   echo "deb [arch=amd64] https://download.virtualbox.org/virtualbox/debian $(lsb_release -cs) contrib" | sudo tee /etc/apt/sources.list.d/virtualbox.list
   wget -q https://www.virtualbox.org/download/oracle_vbox_2016.asc -O- | sudo apt-key add -
   ```

3. **Instalar VirtualBox**:

   bash

   ```
   sudo apt update
   sudo apt install virtualbox-6.1
   ```

4. **Verificar la instalación**:

   bash

   ```
   virtualbox --help
   ```

2.3. Configuración de Máquinas Virtuales en VirtualBox

1. **Crear una Máquina Virtual**:
   - Abre VirtualBox y selecciona **"Nueva"**.
   - Especifica:
     - Nombre y tipo del sistema operativo.
     - Tamaño de memoria RAM.
     - Tipo de almacenamiento (crea un disco virtual o selecciona uno existente).
2. **Configuración del Hardware Virtual**:
   - **Procesadores**: Ajusta la cantidad de núcleos asignados.
   - **Red**: Selecciona el tipo de adaptador (NAT, Puente, etc.).
   - **Almacenamiento**: Configura discos virtuales y unidades de CD.
3. **Iniciar la Máquina Virtual**:
   - Selecciona la máquina y haz clic en **"Iniciar"**.
   - Carga un archivo ISO del sistema operativo para la instalación.

2.4. Características Destacadas de VirtualBox

- **Snapshots**: Crear puntos de restauración de la VM.
- **Soporte de Extensiones**: Añade características avanzadas como USB 2.0/3.0.
- **Interfaz Gráfica Amigable**: Fácil de usar para gestionar VMs.

3. KVM (Kernel-based Virtual Machine): Introducción y Configuración

3.1. ¿Qué es KVM?

KVM es una solución de virtualización integrada en el núcleo de Linux que convierte el sistema en un hypervisor. Es altamente eficiente y es ideal para servidores y entornos profesionales.

3.2. Requisitos para Usar KVM

1. **Soporte de Virtualización en el Procesador**:
   - Verifica si tu CPU soporta virtualización:

   ```bash
   egrep -c '(vmx|svm)' /proc/cpuinfo
   ```

   - Si el resultado es mayor a 0, tu CPU soporta virtualización.
2. **Habilitar Virtualización en la BIOS**:
   - Activa VT-x (Intel) o AMD-V en la configuración de tu BIOS/UEFI.

3.3. Instalación de KVM en Linux

1. **Instalar KVM y herramientas relacionadas**:

   ```bash
   sudo apt update
   sudo apt install qemu-kvm libvirt-daemon-system libvirt-clients bridge-utils virt-manager -y
   ```

2. **Verificar la instalación**:
   - Asegúrate de que el servicio de libvirt esté activo:

   ```bash
   sudo systemctl status libvirtd
   ```

3. **Añadir tu usuario al grupo `libvirt`**:

   ```bash
   sudo usermod -aG libvirt $(whoami)
   ```

4. **Reinicia tu sesión para aplicar los cambios**.

3.4. Creación y Gestión de Máquinas Virtuales con KVM

1. **Usar Virt-Manager**:
   - **Virt-Manager** es una interfaz gráfica para gestionar máquinas virtuales con KVM.

- Ejecutar:

  ```bash
  virt-manager
  ```

- Pasos:
  - Haz clic en **"Crear una nueva máquina virtual"**.
  - Selecciona el medio de instalación (ISO, disco físico, red).
  - Configura la memoria, CPU y almacenamiento.
  - Finaliza y lanza la máquina virtual.

2. **Comandos para Gestionar VMs con `virsh`:**
   - Listar VMs activas:

     ```bash
     virsh list
     ```

   - Iniciar una VM:

     ```bash
     virsh start nombre_vm
     ```

   - Apagar una VM:

     ```bash
     virsh shutdown nombre_vm
     ```

4. Comparación entre VirtualBox y KVM

Aspecto	VirtualBox	KVM
Rendimiento	Adecuado para uso personal y pruebas	Excelente para servidores y producción
Facilidad de Uso	Interfaz gráfica intuitiva	Requiere configuración avanzada
Integración con Linux	Menor integración con el núcleo	Alta integración con el núcleo
Gestión de Recursos	Consumo moderado	Uso eficiente de recursos

5. Casos de Uso

5.1. Usos de VirtualBox

- **Pruebas de Software**: Instalar diferentes sistemas operativos para desarrollo o evaluación.
- **Formación**: Ideal para laboratorios educativos.
- **Compatibilidad Multiplataforma**: Usarlo en sistemas Windows, macOS y Linux.

5.2. Usos de KVM

- **Infraestructura de Servidores**: Implementación de servidores virtuales en entornos empresariales.
- **Virtualización Escalable**: Ideal para centros de datos y servicios en la nube.
- **Despliegue de Máquinas Virtuales Eficientes**: Configuración avanzada para maximizar el rendimiento.

6. Buenas Prácticas para la Virtualización

1. **Aislamiento**:
   - Asegúrate de que cada VM esté aislada para proteger el sistema host.
2. **Asignación de Recursos**:
   - No sobreasignar RAM o CPU a las VMs para evitar afectar el rendimiento del host.
3. **Uso de Snapshots**:
   - Crear puntos de restauración antes de realizar cambios importantes.
4. **Seguridad**:
   - Mantener las VMs y el sistema host actualizados.
5. **Monitoreo**:
   - Usar herramientas como `htop` o `virt-top` para supervisar el rendimiento.

11.3. Linux en Plataformas de Nube como AWS, Azure y Google Cloud

Las plataformas de nube como **Amazon Web Services (AWS)**, **Microsoft Azure**, y **Google Cloud Platform (GCP)** han transformado la forma en que las organizaciones desarrollan y gestionan aplicaciones. Linux desempeña un papel crucial en estas plataformas, siendo la base de la mayoría de las instancias de máquinas virtuales (VMs), contenedores y servicios gestionados. Su eficiencia, flexibilidad y amplio soporte en la nube lo convierten en la opción ideal para empresas y desarrolladores.

En esta sección, exploraremos cómo usar Linux en AWS, Azure y GCP, abarcando desde la creación de instancias hasta la gestión de recursos y las mejores prácticas.

1. Ventajas de Usar Linux en la Nube

1. **Eficiencia de Recursos**: Linux utiliza menos recursos que otros sistemas operativos, lo que reduce costos en la nube.
2. **Flexibilidad**: Compatible con múltiples distribuciones, como Ubuntu, CentOS, Debian, y Amazon Linux.
3. **Compatibilidad**: Integración perfecta con herramientas como Docker, Kubernetes, y Terraform.
4. **Seguridad**: Linux ofrece herramientas avanzadas para garantizar la protección de los datos, como SELinux y firewalls.
5. **Comunidad y Soporte**: Linux cuenta con un amplio soporte de comunidades y fabricantes en la nube.

2. Linux en Amazon Web Services (AWS)

2.1. Introducción a AWS

AWS es la plataforma de nube más utilizada del mundo, ofreciendo una amplia gama de servicios, desde computación y almacenamiento hasta aprendizaje automático y redes.

2.2. Crear una Instancia Linux en AWS EC2

1. **Acceso a la Consola AWS**:
    - Inicia sesión en la consola de AWS: [AWS Console](#).
2. **Lanzar una Instancia**:
    - En el panel de servicios, selecciona **EC2**.
    - Haz clic en **Launch Instance**.
3. **Seleccionar una Distribución Linux**:
    - Elige una AMI (Amazon Machine Image) basada en Linux, como:
        - Amazon Linux 2 (optimizado para AWS).
        - Ubuntu Server (LTS).
        - Red Hat Enterprise Linux.
4. **Configurar la Instancia**:
    - Selecciona el tipo de instancia, como **t2.micro** (gratis para cuentas nuevas en el nivel gratuito).
    - Configura el almacenamiento, el tamaño del disco y las opciones de red.
5. **Configurar Seguridad**:
    - Crea un grupo de seguridad (firewall) y permite puertos como:
        - SSH (puerto 22).
        - HTTP/HTTPS (puertos 80/443).
6. **Lanzar la Instancia**:
    - Descarga una clave SSH para acceder al servidor.
    - Lanza la instancia.
7. **Acceso al Servidor Linux**:
    - Usa un cliente SSH para conectarte:

    ```bash
    ```

```
ssh -i "mi-clave.pem" ec2-user@<IP_PÚBLICA>
```

2.3. Gestión y Configuración

- **Actualizar el sistema**:

    ```bash
    sudo yum update -y
    ```

    (para Amazon Linux) o:

    ```bash
    sudo apt update && sudo apt upgrade -y
    ```

    (para Ubuntu).

- **Configurar Aplicaciones**:
    o   Instalar un servidor web:

    ```bash
    sudo yum install httpd -y
    sudo systemctl start httpd
    sudo systemctl enable httpd
    ```

- **Monitorización**: Usa **CloudWatch** para supervisar el rendimiento de la instancia.

3. Linux en Microsoft Azure

3.1. Introducción a Azure

Azure es la plataforma de nube de Microsoft, conocida por su integración con servicios empresariales y su soporte para Linux y Windows.

3.2. Crear una Máquina Virtual Linux en Azure

1. **Acceso a la Consola Azure**:
    o   Inicia sesión en Azure Portal.
2. **Crear una Máquina Virtual**:
    o   Ve a **Máquinas Virtuales** y haz clic en **Crear**.
3. **Seleccionar una Distribución Linux**:
    o   Azure Marketplace incluye distribuciones como:
        ▪   Ubuntu Server.

- CentOS.
- Debian.
- SUSE Linux Enterprise.

4. **Configurar la VM**:
   - Elige el tamaño de la máquina, como **B1s** (gratis para nuevos usuarios).
   - Configura un grupo de recursos, red virtual, y almacenamiento.
5. **Configurar Claves SSH**:
   - Sube una clave pública o genera una desde el portal.
6. **Lanzar la VM**:
   - Verifica que los puertos necesarios estén abiertos (SSH, HTTP/HTTPS).
7. **Conectarse a la VM**:
   - Usa SSH:

   ```bash
   ssh usuario@<IP_PÚBLICA>
   ```

3.3. Gestión y Configuración

- **Instalar Software**:
  - Instalar NGINX:

  ```bash
  sudo apt install nginx -y
  sudo systemctl start nginx
  ```

- **Usar Azure CLI**:
  - Para gestionar recursos desde la terminal:

  ```bash
  az login
  az vm list
  ```

- **Monitorización**: Usa **Azure Monitor** para supervisar el uso de CPU, RAM y disco.

4. Linux en Google Cloud Platform (GCP)

4.1. Introducción a GCP

Google Cloud es conocido por su enfoque en inteligencia artificial y big data, además de su sólida infraestructura para Linux.

4.2. Crear una Instancia Linux en GCP

1. **Acceso a la Consola GCP**:
    - Inicia sesión en Google Cloud Console.
2. **Crear una Instancia VM**:
    - Ve a **Compute Engine** y selecciona **Crear Instancia**.
3. **Seleccionar una Distribución Linux**:
    - Opciones disponibles:
        - Debian (predeterminada).
        - Ubuntu.
        - CentOS.
        - Red Hat.
4. **Configurar la Instancia**:
    - Especifica:
        - Tipo de máquina (e2-micro para el nivel gratuito).
        - Zona y región.
        - Disco persistente.
5. **Configurar el Acceso SSH**:
    - GCP genera automáticamente claves SSH o permite subir las tuyas.
6. **Lanzar la VM**:
    - Asegúrate de abrir los puertos necesarios.
7. **Conectarse a la Instancia**:
    - Usa SSH desde la consola o la terminal:

    ```bash
    gcloud compute ssh usuario@nombre-instancia
    ```

4.3. Gestión y Configuración

- **Configurar el Servidor**:
    - Instalar Apache:

    ```bash
    sudo apt update
    sudo apt install apache2 -y
    sudo systemctl start apache2
    ```

- **Usar Google Cloud SDK**:
    - Para gestionar recursos:

    ```bash
    gcloud init
    gcloud compute instances list
    ```

5. Comparación entre AWS, Azure y GCP

| Aspecto | AWS | Azure | GCP |

Aspecto	AWS	Azure	GCP
Distribuciones Linux	Amplia variedad	Bien soportadas	Enfocado en Debian y Ubuntu
Facilidad de Uso	Interfaz técnica	Integración empresarial	Sencilla para desarrolladores
Nivel Gratuito	750 horas/año	VM gratis 12 meses	300 USD en créditos
Monitorización	CloudWatch	Azure Monitor	Stackdriver

6. Buenas Prácticas para Usar Linux en la Nube

1. **Seguridad**:
    - Usar claves SSH para el acceso.
    - Configurar firewalls para limitar conexiones no autorizadas.
2. **Automatización**:
    - Implementar scripts de inicialización para configurar VMs automáticamente.
    - Usar herramientas como **Terraform** para administrar infraestructuras como código.
3. **Optimización de Costos**:
    - Apagar instancias no utilizadas.
    - Monitorizar el uso con herramientas de la plataforma.
4. **Copias de Seguridad**:
    - Configurar snapshots periódicos de discos.
5. **Escalabilidad**:
    - Usar balanceadores de carga y grupos de escalado automático.

12.1. Raspberry Pi y Otras Plataformas para Proyectos Educativos en IoT con Linux

El Internet de las Cosas (**IoT**) conecta dispositivos físicos a la red para intercambiar datos y automatizar tareas. Linux, gracias a su versatilidad, estabilidad y soporte para plataformas de hardware de bajo costo como **Raspberry Pi**, se ha convertido en el sistema operativo preferido para proyectos de IoT. Estas plataformas son ideales para la educación, permitiendo a estudiantes y profesionales aprender conceptos clave de IoT y desarrollar soluciones innovadoras.

1. Introducción a IoT y su Relación con Linux

1.1. ¿Qué es IoT?

El **Internet de las Cosas** se refiere a una red de dispositivos físicos, sensores y software interconectados que recopilan y comparten datos. Ejemplos comunes incluyen termostatos inteligentes, cámaras de seguridad y dispositivos portátiles.

1.2. Linux en IoT

Linux es una elección popular en IoT por:

- **Eficiencia**: Su bajo consumo de recursos permite ejecutarlo en hardware con capacidades limitadas.
- **Flexibilidad**: Admite personalización para proyectos específicos.
- **Compatibilidad**: Funciona en arquitecturas ARM y x86, comunes en dispositivos IoT.
- **Comunidad y Soporte**: Amplia comunidad que desarrolla herramientas para IoT, como bibliotecas y controladores.

2. Raspberry Pi: La Plataforma IoT por Excelencia

La **Raspberry Pi** es una computadora de placa única (SBC) económica y potente, ampliamente utilizada para aprender y desarrollar proyectos de IoT.

2.1. Modelos de Raspberry Pi

1. **Raspberry Pi 4**:
   - CPU: Quad-core ARM Cortex-A72.
   - RAM: 2GB, 4GB o 8GB.
   - Ideal para proyectos complejos y aplicaciones que requieren más recursos.
2. **Raspberry Pi Zero**:
   - Compacto y económico.
   - Ideal para proyectos donde el tamaño es crítico.
3. **Raspberry Pi Pico**:
   - Basado en microcontroladores (RP2040).
   - Perfecto para aplicaciones ligeras de IoT.

2.2. Sistemas Operativos para Raspberry Pi

1. **Raspberry Pi OS**:
   - Basado en Debian, optimizado para Raspberry Pi.
   - Instalación con **Raspberry Pi Imager**:

     ```bash
     sudo apt install rpi-imager
     ```

   - Características:

- Interfaz gráfica ligera.
- Herramientas de desarrollo preinstaladas.

2. **Ubuntu Server**:
   - Versión ligera de Ubuntu para proyectos sin interfaz gráfica.

   bash

   ```
   sudo apt install ubuntu-server
   ```

3. **IoT-Specific OS**:
   - **BalenaOS**: Diseñado para despliegues IoT.
   - **OpenWRT**: Para proyectos relacionados con redes.

2.3. Configuración Básica de una Raspberry Pi

1. Preparar la Tarjeta MicroSD

- Usar **Raspberry Pi Imager** para instalar Raspberry Pi OS:
  - Selecciona el sistema operativo.
  - Configura opciones como Wi-Fi y SSH antes de grabar.

2. Configurar la Raspberry Pi

- Conectar teclado, monitor y alimentación.
- Acceder al sistema y realizar actualizaciones:

   bash

   ```
   sudo apt update && sudo apt upgrade -y
   ```

3. Acceso Remoto con SSH

- Habilitar SSH:

   bash

   ```
   sudo raspi-config
   ```

   - Navegar a **Interface Options > SSH**.
- Conectarse desde otro dispositivo:

   bash

   ```
   ssh pi@<IP_RASPBERRY>
   ```

2.4. Proyectos Educativos con Raspberry Pi

1. Estación Meteorológica IoT

- **Componentes**:
    - Sensores: DHT11 para temperatura y humedad.
    - Raspberry Pi.
- **Software**:
    - Python para leer datos de los sensores.
    - Envío de datos a una plataforma como **ThingSpeak**.
- **Código de Ejemplo**:

```python
import Adafruit_DHT
sensor = Adafruit_DHT.DHT11
pin = 4  # GPIO conectado al sensor
humidity, temperature = Adafruit_DHT.read_retry(sensor, pin)
print(f"Temp: {temperature} C  Humidity: {humidity} %")
```

2. Sistema de Seguridad con Cámara

- **Componentes**:
    - Módulo de cámara para Raspberry Pi.
- **Software**:
    - **MotionEyeOS** para gestión de cámaras.
- **Funcionalidad**:
    - Detectar movimiento y enviar alertas al correo.

3. Control de Luces Inteligentes

- **Componentes**:
    - Relés para controlar dispositivos eléctricos.
    - Raspberry Pi.
- **Software**:
    - Python para manejar GPIO.
    - Interfaz web con Flask para control remoto.

3. Otras Plataformas para IoT

3.1. Arduino

Un microcontrolador sencillo y económico, excelente para proyectos de hardware.

- **Características**:
    - Bajo consumo de energía.

- o   Lenguaje de programación sencillo basado en C/C++.
- **Uso en IoT**:
    - o   Ideal para proyectos básicos, como sensores o controladores simples.
- **Ejemplo de Proyecto**:
    - o   Monitorización de humedad del suelo para riego automático.

3.2. ESP32 y ESP8266

Microcontroladores con conectividad Wi-Fi y Bluetooth integrados.

- **Ventajas**:
    - o   Bajo costo.
    - o   Compatible con bibliotecas de Arduino.
- **Ejemplo de Proyecto**:
    - o   Crear un termostato inteligente que reporte datos a través de Wi-Fi.

3.3. BeagleBone

Una alternativa más potente a Raspberry Pi, diseñada para aplicaciones industriales.

- **Características**:
    - o   Compatible con Debian.
    - o   Mayor número de GPIOs.
- **Uso en IoT**:
    - o   Automatización industrial y robótica avanzada.

3.4. NVIDIA Jetson Nano

Una plataforma enfocada en inteligencia artificial y procesamiento gráfico.

- **Características**:
    - o   Soporte para Python y CUDA.
    - o   Ideal para proyectos de visión por computadora.
- **Uso en IoT**:
    - o   Cámaras inteligentes y drones.

4. Herramientas y Protocolos de IoT en Linux

4.1. Protocolos Clave

- **MQTT (Message Queuing Telemetry Transport)**:
    - Ligero y eficiente para comunicación máquina a máquina (M2M).
    - Herramienta: **Mosquitto**.

    ```bash
    sudo apt install mosquitto mosquitto-clients
    ```

- **HTTP/HTTPS**:
    - Enviar y recibir datos usando servidores web ligeros como Flask.
- **CoAP (Constrained Application Protocol)**:
    - Alternativa ligera a HTTP para dispositivos con recursos limitados.

4.2. Frameworks y Librerías

- **Node-RED**:
    - Herramienta de desarrollo visual para IoT.

    ```bash
    sudo apt install nodejs npm
    sudo npm install -g node-red
    ```

- **AWS IoT Core**:
    - Conectar dispositivos Linux a servicios en la nube.
- **Google IoT Core**:
    - Gestionar dispositivos IoT en la nube de Google.

5. Buenas Prácticas en IoT Educativo

1. **Seguridad**:
    - Asegurar conexiones con protocolos cifrados como TLS.
    - Usar autenticación robusta en redes y APIs.
2. **Documentación**:
    - Documentar configuraciones y conexiones de hardware.
3. **Modularidad**:
    - Diseñar proyectos escalables y fáciles de modificar.
4. **Ahorro de Energía**:
    - Optimizar el código y usar hardware eficiente para proyectos IoT.

12.2. Linux en Dispositivos Embebidos

Los dispositivos embebidos son sistemas computacionales diseñados para realizar tareas específicas, integrados dentro de un producto más grande. Ejemplos de dispositivos embebidos incluyen electrodomésticos, sistemas de automatización industrial, dispositivos médicos y sistemas automotrices. **Linux** es una elección popular para estos sistemas debido a su flexibilidad, estabilidad y capacidad para ser optimizado para hardware limitado.

En esta sección, exploraremos qué son los dispositivos embebidos, por qué Linux es ideal para ellos, las herramientas más utilizadas y los pasos para desarrollar soluciones basadas en Linux para este tipo de hardware.

1. ¿Qué son los Dispositivos Embebidos?

1.1. Definición

Un dispositivo embebido es un sistema informático diseñado para realizar funciones específicas, a menudo con restricciones de hardware (como memoria y capacidad de procesamiento). Estos dispositivos están integrados en otros sistemas más grandes.

1.2. Características Principales

- **Propósito Específico**: Diseñado para tareas concretas, como controlar una máquina o monitorizar sensores.
- **Bajo Consumo de Recursos**: Optimizado para hardware con recursos limitados.
- **Alta Fiabilidad**: Requiere un rendimiento constante y confiable.
- **Tiempo Real (Opcional)**: Muchos dispositivos embebidos necesitan cumplir con restricciones de tiempo real (real-time).

2. Linux en Dispositivos Embebidos

Linux es ideal para dispositivos embebidos debido a su arquitectura modular, soporte para una amplia gama de hardware y su capacidad de personalización.

2.1. Ventajas de Usar Linux

1. **Código Abierto**:
   - Permite a los desarrolladores personalizar el sistema operativo según sus necesidades.
2. **Compatibilidad**:

- Compatible con procesadores ARM, x86, MIPS y otros, ampliamente utilizados en hardware embebido.
3. **Modularidad**:
   - Se puede construir un kernel Linux minimalista, eliminando características innecesarias.
4. **Comunidad y Ecosistema**:
   - Amplio soporte de comunidades y herramientas, como Buildroot y Yocto Project.
5. **Soporte para Tiempo Real**:
   - A través de **PREEMPT_RT** y variantes como Xenomai.

2.2. Casos de Uso

- **Automatización Industrial**: Control de máquinas y monitoreo de procesos.
- **Dispositivos IoT**: Sensores, actuadores y pasarelas (gateways) para redes IoT.
- **Electrodomésticos Inteligentes**: Refrigeradores, televisores y termostatos conectados.
- **Automoción**: Sistemas de infoentretenimiento y asistencia al conductor.

3. Distribuciones Linux para Dispositivos Embebidos

3.1. Yocto Project

Una herramienta para crear distribuciones Linux personalizadas para dispositivos embebidos.

- **Características**:
    - Gran flexibilidad y control sobre la imagen del sistema operativo.
    - Soporte para optimizar el kernel y las bibliotecas.
- **Uso**:
    - Generar una imagen minimalista de Linux para un dispositivo ARM.
- **Instalación**:

```bash

git clone git://git.yoctoproject.org/poky
cd poky
```

3.2. Buildroot

Un framework simplificado para crear sistemas Linux embebidos.

- **Características**:
    - Rápido y fácil de usar en comparación con Yocto.
    - Genera imágenes de Linux, incluyendo el kernel, el sistema de archivos y el bootloader.
- **Instalación**:

```bash
```

```
git clone https://git.buildroot.net/buildroot
cd buildroot
make menuconfig
```

3.3. Ubuntu Core

Una versión de Ubuntu optimizada para IoT y dispositivos embebidos.

- **Características**:
    - Basada en **Snaps**, que permite actualizaciones transaccionales.
    - Seguridad reforzada mediante confinamiento de aplicaciones.
- **Uso**:
    - Ideal para dispositivos IoT que necesitan actualizaciones frecuentes.

3.4. OpenWRT

Un sistema operativo ligero diseñado para routers y dispositivos de red.

- **Características**:
    - Compatible con dispositivos de bajo consumo.
    - Incluye herramientas para redes avanzadas.

4. Componentes de un Sistema Linux Embebido

1. **Bootloader**:
    - Carga el kernel del sistema operativo en la memoria.
    - Ejemplo: **U-Boot**.

    ```bash
    sudo apt install u-boot-tools
    ```

2. **Kernel de Linux**:
    - Personalizable para incluir solo los controladores y características necesarias.
3. **Sistema de Archivos**:
    - Contiene las bibliotecas, aplicaciones y configuraciones.
    - Tipos comunes:
        - **ext4**: Para sistemas con más almacenamiento.
        - **squashfs**: Sistema de archivos comprimido para ahorrar espacio.
4. **Middleware**:
    - Software que conecta aplicaciones con el hardware subyacente.
5. **Aplicaciones**:
    - Código desarrollado para realizar tareas específicas, como controlar sensores o procesar datos.

5. Desarrollo de Soluciones Embebidas con Linux

5.1. Configuración del Entorno de Desarrollo

- **Herramientas Necesarias**:
  - **Cross-Compiler**: Compilador para procesadores específicos como ARM.

    ```bash
    sudo apt install gcc-arm-none-eabi
    ```

  - **Simuladores**:
    - QEMU para probar sistemas Linux embebidos.

      ```bash
      sudo apt install qemu
      ```

5.2. Creación de una Imagen Linux Personalizada

Paso 1: Configurar el Kernel

1. Descargar el código fuente:

   ```bash
   git clone https://git.kernel.org/pub/scm/linux/kernel/git/stable/linux.git
   cd linux
   ```

2. Configurar el kernel para hardware específico:

   ```bash
   make menuconfig
   ```

3. Compilar el kernel:

   ```bash
   make -j$(nproc) CROSS_COMPILE=arm-linux-gnueabihf-
   ```

Paso 2: Crear el Sistema de Archivos

- Usar Buildroot o Yocto para generar el sistema de archivos.

Paso 3: Integrar el Bootloader

- Configurar **U-Boot** para iniciar el kernel.

6. Protocolos de Comunicación Comunes en Dispositivos Embebidos

6.1. Protocolos de Hardware

1. **I2C**: Comunicación entre sensores y microcontroladores.
2. **SPI**: Transferencia de datos de alta velocidad entre dispositivos.
3. **GPIO**: Control de pines de entrada/salida en hardware.

6.2. Protocolos de Red

1. **MQTT**: Ligero y eficiente, ideal para IoT.
2. **CoAP**: Protocolo basado en UDP para dispositivos de baja capacidad.
3. **HTTP/HTTPS**: Comunicación estándar para APIs.

7. Ejemplo Práctico: Termostato IoT Embebido

7.1. Hardware

- **Placa Base**: Raspberry Pi Zero.
- **Sensor de Temperatura**: DHT22.
- **Actuador**: Relé para controlar un sistema de calefacción.

7.2. Software

1. **Sistema Operativo**:
   - Raspberry Pi OS Lite.
2. **Aplicación Python**:
   - Leer la temperatura y controlar el relé.

```python
import Adafruit_DHT
import RPi.GPIO as GPIO

DHT_SENSOR = Adafruit_DHT.DHT22
DHT_PIN = 4
RELAY_PIN = 17

GPIO.setmode(GPIO.BCM)
GPIO.setup(RELAY_PIN, GPIO.OUT)

humidity, temperature = Adafruit_DHT.read_retry(DHT_SENSOR, DHT_PIN)
if temperature > 25:
    GPIO.output(RELAY_PIN, GPIO.HIGH)   # Enciende el relé
else:
    GPIO.output(RELAY_PIN, GPIO.LOW)    # Apaga el relé
```

3. **Protocolo de Comunicación**:
    - MQTT para enviar datos a un servidor remoto.

8. Buenas Prácticas para el Desarrollo en Linux Embebido

1. **Optimización**:
    - Reducir el tamaño del kernel y sistema de archivos eliminando componentes innecesarios.
2. **Pruebas**:
    - Usar simuladores antes de implementar en hardware real.
3. **Seguridad**:
    - Proteger conexiones con cifrado TLS.
    - Usar autenticación robusta para dispositivos conectados.
4. **Documentación**:
    - Documentar configuraciones, códigos y dependencias.

12.3. Proyectos Prácticos para Estudiantes con Linux en IoT y Dispositivos Embebidos

El aprendizaje práctico es esencial para que los estudiantes comprendan los conceptos fundamentales de Linux, IoT y sistemas embebidos. A través de proyectos prácticos, los estudiantes pueden adquirir experiencia real en el desarrollo, la integración de hardware y software, y la solución de problemas en entornos del mundo real.

A continuación, se presentan proyectos prácticos diseñados para estudiantes, utilizando Linux como base. Cada proyecto está diseñado para fomentar el aprendizaje, desarrollar habilidades técnicas y explorar conceptos clave en dispositivos embebidos e IoT.

1. Proyectos Basados en Raspberry Pi

1.1. Estación Meteorológica IoT

Descripción: Este proyecto permite a los estudiantes medir y registrar datos meteorológicos como temperatura, humedad y presión, y enviarlos a una plataforma en la nube para su análisis.

- **Hardware Necesario**:
    - Raspberry Pi (modelo 3 o superior).
    - Sensor DHT22 (temperatura y humedad).
    - Sensor BMP280 (presión atmosférica).

- Conexión Wi-Fi.
- **Software**:
  - Python para leer los datos de los sensores.
  - MQTT para enviar datos a la nube (por ejemplo, ThingSpeak).
- **Pasos**:

1. Configurar Raspberry Pi OS.
   2. Instalar bibliotecas de sensores:

   ```bash
   pip install Adafruit_DHT Adafruit_BMP
   ```

3. Crear un script en Python para recopilar datos:

   ```python
   import Adafruit_DHT
   from Adafruit_BMP import BMP085

   sensor = BMP085.BMP085()
   print(f"Temperature: {sensor.read_temperature()} C")
   print(f"Pressure: {sensor.read_pressure()} Pa")
   ```

4. Publicar los datos a través de MQTT en una plataforma como **ThingSpeak**.

1.2. Control de Luces Inteligentes

Descripción: Un proyecto para aprender sobre GPIO y control remoto mediante una interfaz web o aplicación móvil.

- **Hardware Necesario**:
  - Raspberry Pi.
  - Módulo de relé.
  - LED o bombilla pequeña.
- **Software**:
  - Python para el control de GPIO.
  - Flask para crear una API web.
- **Pasos**:

1. Conectar el módulo de relé a un pin GPIO.
   2. Escribir un script en Python para controlar el relé:

   ```python
   import RPi.GPIO as GPIO

   GPIO.setmode(GPIO.BCM)
   GPIO.setup(18, GPIO.OUT)

   GPIO.output(18, GPIO.HIGH)  # Encender
   ```

```
                GPIO.output(18, GPIO.LOW)    # Apagar
```

3. Crear una API web con Flask para encender y apagar el relé:

   ```python
   from flask import Flask
   app = Flask(__name__)

   @app.route('/on')
   def turn_on():
       GPIO.output(18, GPIO.HIGH)
       return "Luz encendida"

   @app.route('/off')
   def turn_off():
       GPIO.output(18, GPIO.LOW)
       return "Luz apagada"

   app.run(host='0.0.0.0', port=5000)
   ```

2. Proyectos Basados en Arduino y ESP32

2.1. Monitor de Humedad del Suelo para Riego Automático

Descripción: Este proyecto automatiza el riego de plantas utilizando sensores de humedad y un microcontrolador.

- **Hardware Necesario**:
    - ESP32 o Arduino Uno.
    - Sensor de humedad del suelo.
    - Módulo de relé.
    - Bomba de agua.
- **Software**:
    - Arduino IDE.
    - Biblioteca de sensores (DHT o genérica).
- **Pasos**:

1. Configurar el IDE de Arduino para ESP32.
    2. Escribir un programa para leer el sensor y activar la bomba:

       ```cpp
       int sensorPin = A0; // Pin del sensor
       int relayPin = 5;   // Pin del relé

       void setup() {
           pinMode(sensorPin, INPUT);
           pinMode(relayPin, OUTPUT);
           Serial.begin(9600);
       }

       void loop() {
       ```

```cpp
    int humedad = analogRead(sensorPin);
    Serial.println(humedad);
    if (humedad < 300) {
        digitalWrite(relayPin, HIGH); // Activar bomba
    } else {
        digitalWrite(relayPin, LOW);  // Apagar bomba
    }
    delay(1000);
}
```

3. Proyectos con Docker y Contenedores en Linux

3.1. Servidor Web en Docker

Descripción: Los estudiantes aprenderán a usar contenedores Docker para desplegar un servidor web.

- **Requisitos**:
    - Una computadora o servidor con Linux.
    - Docker instalado.
- **Pasos**:

1. Instalar Docker:

    bash

    ```bash
    sudo apt update
    sudo apt install docker.io
    ```

2. Crear un archivo HTML básico:

    html

    ```html
    echo "<h1>Hola, Docker!</h1>" > index.html
    ```

3. Usar una imagen NGINX para servir el archivo:

    bash

    ```bash
    docker run --name servidor-web -v $(pwd):/usr/share/nginx/html -p 8080:80 nginx
    ```

4. Acceder al servidor web desde un navegador:

    bash

    ```bash
    http://localhost:8080
    ```

4. Proyectos con Inteligencia Artificial y Linux

4.1. Cámara de Seguridad con Reconocimiento Facial

Descripción: Crear un sistema que detecte rostros usando una cámara y realice reconocimiento facial.

- **Hardware Necesario**:
    - Raspberry Pi.
    - Cámara compatible (Raspberry Pi Camera o USB).
- **Software**:
    - OpenCV.
    - Python.
- **Pasos**:

1. Instalar OpenCV:

    ```bash
    sudo apt install python3-opencv
    ```

2. Crear un script en Python para detectar rostros:

    ```python
    import cv2

    face_cascade = cv2.CascadeClassifier('haarcascade_frontalface_default.xml')
    cap = cv2.VideoCapture(0)

    while True:
        ret, frame = cap.read()
        gray = cv2.cvtColor(frame, cv2.COLOR_BGR2GRAY)
        faces = face_cascade.detectMultiScale(gray, 1.1, 4)

        for (x, y, w, h) in faces:
            cv2.rectangle(frame, (x, y), (x+w, y+h), (255, 0, 0), 2)

        cv2.imshow('Camera', frame)
        if cv2.waitKey(1) & 0xFF == ord('q'):
            break

    cap.release()
    cv2.destroyAllWindows()
    ```

5. Proyectos Colaborativos y de Escalabilidad

5.1. Implementación de una Red IoT con MQTT

Descripción: Los estudiantes conectarán múltiples dispositivos IoT para compartir datos en tiempo real.

- **Hardware**:
    - Varios ESP32 o Raspberry Pi.
    - Un servidor MQTT (Mosquitto).
- **Software**:
    - Mosquitto para gestionar mensajes.
    - Python/Arduino para dispositivos clientes.
- **Pasos**:

1. Instalar Mosquitto:

    ```bash
    sudo apt install mosquitto mosquitto-clients
    ```

2. Configurar clientes MQTT para publicar y suscribirse a temas.
3. Visualizar datos con herramientas como Node-RED o ThingSpeak.

6. Buenas Prácticas para Proyectos Estudiantiles

1. **Documentación**:
    - Registrar los pasos de configuración, problemas encontrados y soluciones.
2. **Gestión de Código**:
    - Usar Git para gestionar y compartir proyectos.
3. **Trabajo en Equipo**:
    - Dividir tareas entre hardware, software y pruebas.
4. **Seguridad**:
    - Implementar autenticación en proyectos que utilicen redes.

Sección 5: Estrategias y Recursos para Educadores

13. Metodologías de enseñanza para Linux

13.1. Aprendizaje Basado en Proyectos (ABP) para Enseñar Linux

El **Aprendizaje Basado en Proyectos (ABP)** es una metodología de enseñanza activa que permite a los estudiantes adquirir conocimientos y habilidades al trabajar en proyectos significativos y relacionados con el mundo real. En el contexto de la enseñanza de **Linux**, esta metodología es particularmente efectiva porque fomenta la exploración práctica, la resolución de problemas y la aplicación directa de conceptos técnicos.

A continuación, se detallan los fundamentos del ABP, su implementación para enseñar Linux, ejemplos prácticos y recursos que los educadores pueden utilizar para maximizar el impacto de esta metodología.

1. ¿Qué es el Aprendizaje Basado en Proyectos?

1.1. Fundamentos del ABP

El ABP se basa en la idea de que los estudiantes aprenden mejor cuando están involucrados activamente en resolver problemas reales y crear productos tangibles. Esta metodología:

- Promueve la colaboración y el pensamiento crítico.
- Relaciona el aprendizaje teórico con su aplicación práctica.
- Desarrolla habilidades técnicas y blandas, como la comunicación y la gestión del tiempo.

1.2. Características del ABP

1. **Enfoque en el Proyecto**: Los proyectos actúan como el eje central del aprendizaje.
2. **Autonomía del Estudiante**: Los estudiantes asumen un rol activo en el diseño y ejecución del proyecto.
3. **Aprendizaje Multidisciplinario**: Los proyectos suelen integrar conocimientos de varias áreas.
4. **Evaluación Basada en Productos**: El éxito del aprendizaje se mide por los resultados del proyecto.

2. Beneficios del ABP para Enseñar Linux

1. **Aplicación Real de los Conceptos**:
    - Los estudiantes aplican conocimientos sobre Linux (comandos, sistemas de archivos, redes, etc.) en contextos prácticos.
2. **Motivación**:
    - Al trabajar en problemas reales y relevantes, los estudiantes están más comprometidos.
3. **Desarrollo de Habilidades Prácticas**:
    - Uso del terminal.
    - Configuración de servidores y servicios en Linux.
    - Resolución de problemas técnicos.
4. **Trabajo en Equipo**:
    - Fomenta la colaboración y la comunicación efectiva entre compañeros.

3. Cómo Implementar el ABP para Enseñar Linux

3.1. Planificación del Proyecto

1. **Definir los Objetivos de Aprendizaje**:
   - Ejemplo: "Los estudiantes serán capaces de instalar y configurar un servidor web básico en Linux".
2. **Seleccionar un Tema Relevante**:
   - Los proyectos deben estar alineados con las metas del curso y los intereses de los estudiantes.
   - Ejemplo: "Crear un servidor de archivos para compartir documentos en una red local".
3. **Diseñar Tareas Graduales**:
   - Dividir el proyecto en pasos manejables.
   - Incluir desafíos progresivos para mantener el interés.
4. **Asignar Roles y Recursos**:
   - Asignar tareas específicas a estudiantes o grupos.
   - Proporcionar acceso a guías, tutoriales y documentación.

3.2. Ejecución del Proyecto

1. **Introducción y Contextualización**:
   - Explicar la relevancia del proyecto.
   - Proporcionar una visión general de las herramientas y tecnologías que se utilizarán.
2. **Trabajo Colaborativo**:
   - Los estudiantes trabajan en grupos para dividir tareas como la instalación de Linux, la configuración de servicios y la resolución de problemas.
3. **Soporte del Educador**:
   - Supervisar el progreso y ofrecer orientación cuando sea necesario.
   - Fomentar la autoexploración antes de proporcionar soluciones directas.
4. **Documentación del Proceso**:
   - Los estudiantes deben registrar los pasos realizados, los problemas encontrados y las soluciones aplicadas.

3.3. Evaluación

1. **Producto Final**:
   - Evaluar el proyecto en función de criterios específicos:
     - ¿Funciona el servidor configurado?
     - ¿Se han documentado correctamente los pasos?
2. **Proceso de Aprendizaje**:
   - Evaluar la participación activa, la colaboración y la capacidad para resolver problemas.

3. **Presentación del Proyecto**:
   - Los estudiantes deben presentar sus proyectos y explicar los conceptos aprendidos.
4. **Retroalimentación**:
   - Proporcionar comentarios constructivos sobre el producto final y el proceso.

4. Ejemplos de Proyectos Basados en Linux

Proyecto 1: Servidor Web Personal

Objetivo: Instalar y configurar un servidor web básico en Linux.

- **Habilidades Adquiridas**:
    - Instalación de Linux (Ubuntu Server).
    - Uso de comandos básicos para instalar Apache/Nginx.
    - Configuración de un firewall para permitir tráfico HTTP/HTTPS.
- **Pasos**:

1. Instalar Linux en una máquina virtual o física.
    2. Instalar un servidor web:

    ```bash
    sudo apt update
    sudo apt install apache2
    ```

3. Configurar el firewall:

    ```bash
    sudo ufw allow 'Apache'
    ```

Proyecto 2: Sistema de Archivos Compartido

Objetivo: Configurar un servidor de archivos compartidos usando Samba.

- **Habilidades Adquiridas**:
    - Configuración de servicios en Linux.
    - Trabajo con permisos y usuarios.
- **Pasos**:

1. Instalar Samba:

    ```bash
    sudo apt install samba
    ```

2. Configurar un directorio compartido en `/etc/samba/smb.conf`.
3. Probar la conexión desde un cliente Windows.

Proyecto 3: Sistema de Monitoreo con Nagios

Objetivo: Implementar un sistema de monitoreo para supervisar el rendimiento de otros dispositivos.

- **Habilidades Adquiridas**:
    - Instalación y configuración de software de monitoreo.
    - Uso de protocolos como SNMP.
- **Pasos**:

1. Instalar Nagios en un servidor Linux.
2. Configurar hosts y servicios para monitorear.
3. Generar informes sobre el estado de los dispositivos.

Proyecto 4: Automatización con Bash

Objetivo: Crear un script Bash para automatizar tareas comunes.

- **Habilidades Adquiridas**:
    - Escribir y ejecutar scripts en Linux.
    - Automatización de procesos.
- **Ejemplo**:
    - Script para hacer copias de seguridad automáticas:

    ```bash
    #!/bin/bash
    tar -czf backup_$(date +%Y%m%d).tar.gz /ruta/de/archivos
    ```

5. Recursos para el ABP en Linux

1. **Documentación Oficial**:
    - **Ubuntu:** Ubuntu Documentation
    - **Debian**: Debian Wiki
2. **Tutoriales y Cursos**:
    - **Linux Foundation**: Cursos gratuitos y de pago sobre Linux y Open Source.
    - **Proyectos Raspberry Pi**: Raspberry Pi Learning Resources
3. **Herramientas de Simulación**:
    - **VirtualBox** o **VMware** para simular entornos Linux.

- QEMU para dispositivos embebidos.
4. **Comunidades y Foros**:
    - **Stack Overflow**: Resolución de problemas específicos.
    - **Linux.org**: Foros para discutir proyectos y obtener ayuda.

6. Buenas Prácticas para Implementar ABP

1. **Proyectos Escalables**:
    - Comenzar con proyectos simples y agregar complejidad según el progreso del estudiante.
2. **Involucrar a los Estudiantes**:
    - Permitir que los estudiantes propongan ideas para proyectos.
3. **Evaluación Continua**:
    - Revisar el progreso regularmente y ofrecer retroalimentación constructiva.
4. **Incorporar Innovación**:
    - Animar a los estudiantes a explorar nuevas herramientas y tecnologías.

13.2. Gamificación en el Aula Linux

La **gamificación** es una metodología educativa que utiliza elementos de los juegos para aumentar la motivación, el compromiso y el aprendizaje. En el contexto de la enseñanza de Linux, la gamificación es particularmente efectiva porque permite transformar conceptos técnicos y abstractos en desafíos atractivos y accesibles.

A continuación, exploraremos cómo aplicar la gamificación en un aula dedicada a Linux, incluyendo las herramientas, actividades, ejemplos y beneficios asociados.

1. ¿Qué es la Gamificación en la Educación?

1.1. Definición

La gamificación implica incorporar dinámicas y mecánicas de juegos en actividades de aprendizaje para mejorar la participación y el rendimiento de los estudiantes.

1.2. Elementos de la Gamificación

1. **Desafíos**: Problemas o tareas que los estudiantes deben resolver.
2. **Puntajes**: Sistema de puntuación que recompensa el progreso.
3. **Niveles**: Metas intermedias que marcan el avance del aprendizaje.
4. **Recompensas**: Reconocimientos virtuales o físicos por logros.

5. **Competencias y Colaboraciones**: Actividades individuales o grupales que fomentan el aprendizaje cooperativo.

1.3. Ventajas de la Gamificación en Linux

- **Motivación**: Los estudiantes están más dispuestos a aprender cuando las tareas se convierten en un desafío.
- **Retención**: Asociar conceptos técnicos con experiencias prácticas mejora la memoria a largo plazo.
- **Práctica Activa**: Los estudiantes adquieren experiencia real usando comandos, configurando sistemas y resolviendo problemas.

2. Estrategias de Gamificación para Enseñar Linux

2.1. Crear un Sistema de Niveles

Organiza el curso de Linux en niveles progresivos, desde conceptos básicos hasta avanzados. Cada nivel debe incluir tareas específicas y recompensas.

- **Ejemplo de niveles**:
    - Nivel 1: **Comandos Básicos** (listar archivos, navegar en el sistema).
    - Nivel 2: **Gestión de Archivos y Directorios**.
    - Nivel 3: **Usuarios y Permisos**.
    - Nivel 4: **Configuración de Redes Básicas**.
    - Nivel 5: **Automatización con Bash**.

2.2. Desafíos Basados en Problemas Reales

Crea escenarios que requieran soluciones prácticas, simulando problemas reales.

- **Ejemplo**:
    - **Misión**: Recuperar espacio en disco en un servidor casi lleno.
    - **Desafío**:
        1. Identificar los directorios que ocupan más espacio:

           ```bash
           du -h / | sort -rh | head -n 10
           ```

        2. Crear un script Bash para eliminar archivos temporales:

           ```bash
           #!/bin/bash
           find /tmp -type f -mtime +7 -exec rm {} \;
           ```

- **Recompensa**:
    - Insignias virtuales, puntos o un "ascenso" al siguiente nivel.

2.3. Tablas de Clasificación

Implementa tablas de clasificación para fomentar la competencia saludable entre los estudiantes.

- **Criterios de Puntuación**:
    - Resolución de desafíos.
    - Tiempo empleado para completar tareas.
    - Colaboración en actividades grupales.
- **Herramientas**:
    - Usa plataformas como **Google Sheets** o aplicaciones especializadas como **Classcraft** para rastrear y mostrar puntuaciones.

2.4. Simulaciones de Hackeo Ético

Linux es una herramienta clave para la seguridad informática, y las simulaciones de hackeo ético pueden ser una forma emocionante de aprender.

- **Actividad**: Configurar un entorno seguro donde los estudiantes usen herramientas como `nmap` o `Wireshark` para identificar vulnerabilidades y proponer soluciones.
- **Ejemplo**:
    - Objetivo: Identificar puertos abiertos en una máquina de prueba y cerrarlos usando un firewall.

```bash
sudo ufw enable
sudo ufw allow ssh
sudo ufw deny 8080
```

2.5. Escenarios de Rol

Asigna roles específicos a los estudiantes en un escenario de TI simulado.

- **Ejemplo**:
    - **Administrador de Sistemas**: Configura permisos y usuarios.
    - **Especialista en Redes**: Configura una conexión SSH segura.
    - **Desarrollador**: Automatiza tareas con un script.

- **Evaluación**: Al final, los estudiantes deben presentar un informe sobre cómo lograron sus objetivos y los desafíos que enfrentaron.

3. Actividades Gamificadas para Linux

3.1. Carrera de Comandos

Un juego de velocidad donde los estudiantes deben ejecutar comandos para completar una tarea lo más rápido posible.

- **Ejemplo**:
    - Desafío: "Encuentra todos los archivos .txt en /home que contengan la palabra 'linux'."

    ```bash
    grep -rl "linux" /home/*.txt
    ```

- **Puntuación**:
    - Primer lugar: 10 puntos.
    - Segundo lugar: 8 puntos.
    - Participación: 5 puntos.

3.2. Escape Room Virtual

Los estudiantes deben resolver problemas para desbloquear "puertas" y avanzar en un entorno simulado.

- **Ejemplo**:
    - **Escenario**: Un servidor Linux está comprometido y necesitas recuperar el control.
    - **Tareas**:
        - Cambiar la contraseña de root:

        ```bash
        sudo passwd root
        ```

        - Reiniciar un servicio crítico:

        ```bash
        sudo systemctl restart apache2
        ```

3.3. Caza del Tesoro en Linux

Los estudiantes deben encontrar "pistas" en el sistema usando comandos específicos.

- **Ejemplo:**
  - **Pista 1**: "Encuentra el archivo con el mensaje secreto en /var/log."

    ```bash
    grep -i "mensaje secreto" /var/log/*
    ```

4. Herramientas Tecnológicas para la Gamificación

4.1. Plataformas de Aprendizaje

- **Moodle**: Configura módulos gamificados con insignias y recompensas.
- **Classcraft**: Sistema gamificado para el seguimiento de progreso y recompensas.

4.2. Simuladores y Entornos Virtuales

- **OverTheWire**: Una plataforma de juegos para aprender Linux y seguridad.
- **TryHackMe**: Enfocado en la ciberseguridad con tareas en entornos Linux.

4.3. Scripts Personalizados

Crea scripts en Bash o Python que evalúen automáticamente las tareas de los estudiantes y otorguen puntuaciones.

5. Beneficios de la Gamificación en Linux

1. **Engagement**:
   - Los estudiantes se sienten más motivados para participar en actividades técnicas.
2. **Aprendizaje Basado en Experiencias**:
   - Resolver problemas prácticos ayuda a interiorizar conceptos complejos.
3. **Trabajo en Equipo**:
   - Las actividades grupales promueven la colaboración.
4. **Desarrollo Integral**:
   - Combina habilidades técnicas con blandas como liderazgo y comunicación.

6. Buenas Prácticas para Implementar Gamificación

1. **Claridad en las Reglas**:
   - Explica las reglas y objetivos al inicio de cada actividad.
2. **Balance de Dificultad**:
   - Ajusta la complejidad de los desafíos para que sean retadores pero alcanzables.
3. **Recompensas Significativas**:
   - Ofrece recompensas que valoren el esfuerzo, como reconocimientos o puntos adicionales.
4. **Feedback Regular**:
   - Proporciona retroalimentación continua para reforzar el aprendizaje.

7. Ejemplo Completo: Proyecto Gamificado de Servidor Linux

- **Título**: "Misión: Configurar el Servidor Supremo"
- **Objetivo**: Configurar un servidor Linux funcional con un servidor web, usuarios y permisos.
- **Etapas**:
    1. **Configuración Inicial**:
        - Instalar Linux en una máquina virtual.
    2. **Configuración del Servidor Web**:
        - Instalar Apache:

        ```bash
        sudo apt install apache2
        ```

    3. **Seguridad**:
        - Configurar un firewall básico:

        ```bash
        sudo ufw enable
        sudo ufw allow http
        ```

    4. **Pruebas**:
        - Verificar que el servidor sea accesible desde el navegador.
- **Recompensas**:
    - Insignias por cada etapa completada.
    - Un diploma para el equipo ganador.

13.3. Evaluación de Habilidades Técnicas en Linux

La **evaluación de habilidades técnicas** es un componente clave en el proceso de enseñanza de Linux. Permite medir el nivel de conocimiento y la capacidad práctica de los estudiantes para aplicar conceptos teóricos en escenarios reales. Evaluar correctamente estas habilidades asegura que los estudiantes estén preparados para enfrentar desafíos técnicos en el mundo laboral.

A continuación, se detalla cómo diseñar, implementar y optimizar estrategias de evaluación para medir habilidades técnicas en Linux, incluyendo métodos prácticos, herramientas y ejemplos específicos.

1. Objetivos de la Evaluación

1.1. Propósitos Clave

1. **Medir el Conocimiento**:
   - Evaluar la comprensión de conceptos técnicos como comandos básicos, gestión de usuarios y configuración de servicios.
2. **Evaluar la Aplicación Práctica**:
   - Determinar si los estudiantes pueden usar Linux para resolver problemas reales.
3. **Identificar Áreas de Mejora**:
   - Detectar brechas en el aprendizaje para reforzar conceptos clave.
4. **Preparar para el Mundo Laboral**:
   - Simular tareas típicas de roles técnicos como administradores de sistemas, desarrolladores o ingenieros de seguridad.

1.2. Habilidades a Evaluar

- **Conocimientos Básicos**:
    - Navegación en el sistema de archivos.
    - Comandos esenciales (`ls`, `cd`, `mv`, etc.).
- **Administración de Sistemas**:
    - Gestión de usuarios y permisos.
    - Instalación y configuración de paquetes.
- **Redes**:
    - Configuración de conexiones y servicios.
    - Uso de herramientas como `ping`, `netstat` y `iptables`.
- **Automatización**:
    - Escritura de scripts Bash.
- **Solución de Problemas**:
    - Diagnóstico y reparación de errores en sistemas Linux.

2. Métodos de Evaluación

2.1. Evaluación Teórica

Propósito: Medir el conocimiento conceptual.

- **Ejemplo de Preguntas**:
    1. ¿Cuál es el propósito del comando `chmod`? Explique con ejemplos.
    2. ¿Qué diferencia hay entre un enlace simbólico y un enlace duro en Linux?
    3. Enumere y explique los niveles de permisos en un archivo en Linux.
- **Ventajas**:

    o Evalúa la comprensión teórica de conceptos técnicos.
    o Útil para introducir a los estudiantes a nuevos temas.
- **Limitaciones**:
    o No mide habilidades prácticas.

2.2. Evaluación Práctica

Propósito: Medir la capacidad de aplicar conceptos técnicos.

- **Método**:
    o Diseñar tareas prácticas que simulen problemas reales.
- **Ejemplo de Actividades**:

1. Crear un usuario con permisos específicos:

    ```bash

    sudo useradd -m estudiante
    sudo passwd estudiante
    sudo chmod 700 /home/estudiante
    ```

2. Configurar un servidor web con Apache:

    ```bash

    sudo apt update
    sudo apt install apache2
    ```

3. Automatizar una tarea con un script Bash:

    ```bash

    #!/bin/bash
    echo "Creando un backup..."
    tar -czf /backup/mi_backup.tar.gz /home/usuario
    echo "Backup completado."
    ```

- **Ventajas**:
    - Refleja el desempeño en entornos del mundo real.
    - Fomenta el aprendizaje activo.
- **Herramientas**:
    - Máquinas virtuales.
    - Entornos simulados como TryHackMe o OverTheWire.

2.3. Evaluaciones Basadas en Proyectos

Propósito: Medir habilidades prácticas y blandas (colaboración, comunicación).

- **Método**:
    - Asignar proyectos completos que los estudiantes deben realizar de principio a fin.
    - Ejemplo: Configurar un servidor Linux funcional que aloje una página web y esté protegido por un firewall.
- **Pasos**:

1. Dividir el proyecto en tareas:
   - Instalar el sistema operativo.
   - Configurar servicios básicos.
   - Asegurar el sistema.
2. Proporcionar un conjunto de requisitos:
   - "El servidor debe permitir acceso SSH, pero bloquear todos los demás puertos no utilizados."
3. Evaluar el producto final y el proceso seguido.

- **Ventajas**:
    - Integra múltiples conceptos.
    - Refuerza habilidades técnicas y de gestión de proyectos.

2.4. Simulaciones y Entornos Controlados

Propósito: Evaluar habilidades técnicas en situaciones realistas.

- **Método**:
    - Crear simulaciones donde los estudiantes deben resolver problemas específicos.
    - Usar herramientas como:
        - **VirtualBox/QEMU**: Para ejecutar sistemas Linux en entornos virtuales.
        - **OverTheWire**: Desafíos basados en comandos Linux.
        - **TryHackMe**: Enfoque en ciberseguridad y Linux.
- **Ejemplo**:

- o Simulación: "Un servidor Linux tiene un problema de rendimiento. Encuentra y soluciona el problema."
- o Tareas:

    1. Identificar los procesos que consumen más recursos:

       ```bash
       top
       ```

    2. Detener procesos no esenciales:

       ```bash
       sudo kill <PID>
       ```

- **Ventajas**:
    - o Mide habilidades técnicas bajo presión.
    - o Permite experimentar sin riesgos para sistemas reales.

3. Ejemplo de Evaluación Completa

Desafío Práctico: "Configura y Asegura un Servidor Linux"

Descripción: Los estudiantes deben configurar un servidor funcional con los siguientes requisitos:

1. Instalar Linux en una máquina virtual.
2. Crear un usuario administrativo con acceso SSH.
3. Configurar un firewall para bloquear todos los puertos excepto SSH (22) y HTTP (80).
4. Instalar un servidor web y alojar una página HTML simple.
5. Documentar los pasos realizados.

Criterios de Evaluación:

- **Funcionalidad** (50%):
    - o ¿El servidor cumple con los requisitos?
    - o ¿Los servicios están configurados correctamente?
- **Seguridad** (30%):
    - o ¿Se configuraron medidas básicas de seguridad como el firewall y permisos?
- **Documentación** (20%):
    - o ¿El estudiante explicó claramente los pasos realizados?

4. Herramientas para Evaluar Habilidades Técnicas

1. **Plataformas Prácticas**:

- **TryHackMe** y **Hack The Box**: Desafíos interactivos enfocados en Linux y ciberseguridad.
- **OverTheWire**: Juegos para aprender comandos y solucionar problemas.
2. **Entornos Virtuales**:
    - **VirtualBox** o **VMware**: Para crear entornos personalizados de evaluación.
    - **Vagrant**: Automatización de entornos virtuales.
3. **Herramientas de Gestión de Evaluaciones**:
    - **Google Classroom** o **Moodle**: Para gestionar tareas y proyectos.
    - **GitHub**: Para evaluar la documentación y scripts de los estudiantes.
4. **Simuladores de Sistemas**:
    - **Cisco Packet Tracer** (para redes Linux).
    - **QEMU** (para sistemas embebidos).

5. Buenas Prácticas para la Evaluación

1. **Diseñar Evaluaciones Graduales**:
    - Comenzar con ejercicios básicos y aumentar la complejidad de forma progresiva.
2. **Simular Escenarios Reales**:
    - Diseñar evaluaciones que reflejen tareas típicas en el mundo laboral.
3. **Proporcionar Feedback Constructivo**:
    - Ofrecer comentarios detallados sobre lo que se hizo bien y cómo mejorar.
4. **Incluir Trabajo Colaborativo**:
    - Evaluar habilidades de trabajo en equipo a través de proyectos grupales.
5. **Incorporar Evaluaciones Continuas**:
    - Evaluar el progreso regularmente en lugar de depender únicamente de exámenes finales.

14.1. Diseñando Ejercicios Prácticos para la Enseñanza de Linux

La **creación de ejercicios prácticos** es fundamental para reforzar los conceptos teóricos y desarrollar habilidades técnicas en el aprendizaje de Linux. Un buen ejercicio práctico debe estar alineado con los objetivos del curso, ser desafiante pero accesible, y permitir a los estudiantes aplicar conocimientos en escenarios cercanos al mundo real.

En esta sección se exploran estrategias y ejemplos prácticos para diseñar ejercicios efectivos que refuercen el temario de un curso de Linux. Se incluirán consejos, herramientas y ejemplos concretos que los educadores pueden adaptar según el nivel de los estudiantes.

1. Características de un Buen Ejercicio Práctico

1.1. Relevancia

- Los ejercicios deben estar alineados con los objetivos de aprendizaje del curso y reflejar escenarios reales.
- Ejemplo: *Si el tema es gestión de permisos, un buen ejercicio sería asignar permisos específicos a un archivo en un entorno simulado.*

1.2. Gradualidad

- Los ejercicios deben aumentar en complejidad, comenzando con conceptos básicos y avanzando hacia tareas más complejas.
- Ejemplo: *Comenzar con comandos básicos de* `chmod` *y luego avanzar hacia la configuración de ACLs (Access Control Lists).*

1.3. Feedback Inmediato

- Los ejercicios deben permitir a los estudiantes verificar fácilmente si sus soluciones son correctas.
- Ejemplo: *Un script que evalúe automáticamente el resultado de un ejercicio.*

1.4. Flexibilidad

- Diseñar ejercicios que puedan adaptarse a diferentes niveles de habilidad.
- Ejemplo: *Proporcionar tareas adicionales o desafíos opcionales para estudiantes más avanzados.*

2. Estrategias para Diseñar Ejercicios Prácticos

2.1. Enfoque Basado en Tareas

Diseñar ejercicios que se centren en tareas específicas relacionadas con un tema del temario.

- **Ejemplo: Gestión de Archivos y Directorios**
    - **Nivel Básico**:
        1. Crear un directorio llamado `proyecto`.
        2. Dentro del directorio, crear tres archivos: `archivo1.txt`, `archivo2.txt`, `archivo3.txt`.
        3. Mover todos los archivos a un subdirectorio llamado `documentos`.

        ```bash
        mkdir proyecto
        cd proyecto
        touch archivo1.txt archivo2.txt archivo3.txt
        mkdir documentos
        ```

```
mv archivo*.txt documentos/
```

- **Nivel Intermedio**:
    1. Comprimir el subdirectorio documentos en un archivo tar.
    2. Extraer el archivo comprimido en otro directorio llamado backup.

bash

```
tar -czf documentos.tar.gz documentos/
mkdir backup
tar -xzf documentos.tar.gz -C backup/
```

2.2. Ejercicios Basados en Problemas

Diseñar problemas reales que los estudiantes deben resolver usando Linux.

- **Ejemplo: Liberar Espacio en Disco**
    - **Escenario**: Un servidor Linux tiene poco espacio en disco. Los estudiantes deben identificar y eliminar archivos grandes o no utilizados.
    - **Tareas**:
        1. Encontrar los 5 archivos más grandes en el directorio /var.
        2. Comprimir estos archivos en un archivo tar.
        3. Mover el archivo comprimido al directorio /backup.

bash

```
du -ah /var | sort -rh | head -n 5
tar -czf backup_var.tar.gz /var/log/archivo_grande.log
mv backup_var.tar.gz /backup/
```

2.3. Ejercicios de Configuración

Proporcionar escenarios donde los estudiantes configuren servicios o sistemas.

- **Ejemplo: Configuración de un Servidor SSH**
    - **Tareas**:
        1. Instalar el servidor SSH.
        2. Configurar el servidor para permitir conexiones solo desde la red local.
        3. Reiniciar el servicio SSH y verificar la configuración.

bash

```
sudo apt update
sudo apt install openssh-server
sudo nano /etc/ssh/sshd_config
# Cambiar PermitRootLogin a no
# Cambiar ListenAddress a 192.168.1.1
sudo systemctl restart sshd
```

2.4. Ejercicios de Automatización

Pedir a los estudiantes que creen scripts para automatizar tareas comunes.

- **Ejemplo: Script de Respaldo**
  - **Tareas**:
    1. Crear un script Bash que copie todos los archivos del directorio `/home/usuario` a `/backup`.
    2. Configurar el script para que se ejecute automáticamente todos los días a las 3:00 AM usando `cron`.

    Script Bash:

    ```bash
    #!/bin/bash
    rsync -av /home/usuario/ /backup/
    ```

    Configurar Cron:

    ```bash
    crontab -e
    # Añadir la línea:
    0 3 * * * /ruta/al/script_backup.sh
    ```

2.5. Proyectos de Integración

Diseñar ejercicios que combinen varios temas del temario.

- **Ejemplo: Crear un Servidor Web Seguro**
  - **Tareas**:
    1. Instalar Apache.
    2. Configurar un certificado SSL.
    3. Habilitar un firewall para permitir solo tráfico HTTPS.

    ```bash
    sudo apt install apache2
    sudo apt install openssl
    sudo openssl req -new -x509 -days 365 -nodes -out /etc/ssl/certs/apache.crt -keyout /etc/ssl/private/apache.key
    sudo nano /etc/apache2/sites-available/default-ssl.conf
    # Configurar SSL con los archivos generados
    sudo ufw allow 'Apache Full'
    sudo systemctl restart apache2
    ```

3. Ejemplo de Ejercicio Completo

Ejercicio: Configuración de Usuarios y Permisos

Objetivo: Los estudiantes aprenderán a gestionar usuarios, grupos y permisos en un sistema Linux.

Tareas:

1. Crear un usuario llamado `estudiante` con un directorio personal.

   ```bash
   sudo useradd -m estudiante
   sudo passwd estudiante
   ```

2. Crear un grupo llamado `proyecto` y añadir al usuario `estudiante` al grupo.

   ```bash
   sudo groupadd proyecto
   sudo usermod -aG proyecto estudiante
   ```

3. Crear un directorio `/proyecto` y asignar el grupo `proyecto` como propietario.

   ```bash
   sudo mkdir /proyecto
   sudo chown :proyecto /proyecto
   ```

4. Configurar permisos para que solo los miembros del grupo `proyecto` puedan leer y escribir en el directorio.

   ```bash
   sudo chmod 770 /proyecto
   ```

5. Verificar que los permisos están configurados correctamente usando `ls -l`.

Criterios de Evaluación:

- El usuario `estudiante` puede acceder al directorio `/proyecto`.
- Los permisos y propiedad del directorio son correctos.

4. Herramientas para Diseñar Ejercicios

1. **Máquinas Virtuales**:
   - **VirtualBox** o **VMware** para crear entornos seguros donde los estudiantes puedan experimentar.
2. **Plataformas Online**:
   - **TryHackMe** y **OverTheWire** para desafíos interactivos basados en Linux.
3. **Simuladores**:
   - **QEMU**: Para simular sistemas embebidos.
4. **Gestión de Ejercicios**:
   - **Moodle**: Para asignar, evaluar y proporcionar retroalimentación en ejercicios prácticos.

5. Buenas Prácticas al Diseñar Ejercicios

1. **Definir Objetivos Claros**:
   - Asegúrate de que cada ejercicio tenga un propósito claro alineado con el temario.
2. **Proporcionar Contexto**:
   - Explica por qué el ejercicio es relevante en un entorno profesional.
3. **Permitir Iteración**:
   - Da oportunidades para que los estudiantes revisen y mejoren sus soluciones.
4. **Incluir Retroalimentación**:
   - Proporciona comentarios sobre los resultados para reforzar el aprendizaje.
5. **Incorporar Escenarios Reales**:
   - Diseña ejercicios que simulen tareas reales que los estudiantes podrían encontrar en el trabajo.

14.2. Uso de Plataformas como Moodle y Edmodo para Enseñar Linux

Las plataformas de aprendizaje en línea como **Moodle** y **Edmodo** son herramientas poderosas para estructurar, organizar y facilitar la enseñanza de Linux. Estas plataformas permiten a los educadores crear cursos interactivos, gestionar tareas, evaluar el progreso de los estudiantes y fomentar la colaboración. Con funcionalidades como foros, cuestionarios, y la integración de herramientas externas, Moodle y Edmodo son ideales para enseñar temas técnicos como Linux, que requieren una combinación de teoría y práctica.

A continuación, se detalla cómo usar Moodle y Edmodo para enseñar Linux, con ejemplos prácticos, mejores prácticas y estrategias para maximizar el impacto de estas plataformas.

1. Moodle y Edmodo: Introducción y Diferencias

1.1. ¿Qué es Moodle?

Moodle es una plataforma de aprendizaje de código abierto ampliamente utilizada en entornos educativos y empresariales. Ofrece una amplia gama de funcionalidades para crear cursos en línea, desde cuestionarios y foros hasta módulos de evaluación automatizada.

- **Características Clave**:
    - Totalmente personalizable.
    - Soporte para cuestionarios, encuestas y lecciones.
    - Integración con herramientas externas como Zoom, H5P, y herramientas de administración de sistemas.

1.2. ¿Qué es Edmodo?

Edmodo es una plataforma de aprendizaje basada en la nube diseñada para la interacción y colaboración entre estudiantes y educadores. Aunque menos técnica que Moodle, es muy intuitiva y fácil de usar.

- **Características Clave**:
    - Orientada a la comunicación entre estudiantes y profesores.
    - Adecuada para actividades interactivas como encuestas rápidas y debates.
    - Funciones básicas para la gestión de tareas y evaluaciones.

1.3. Comparación Rápida

Aspecto	Moodle	Edmodo
Personalización	Alta (código abierto).	Baja (herramientas predefinidas).
Uso Técnico	Adecuado para cursos complejos.	Ideal para cursos básicos.
Escalabilidad	Excelente para grandes instituciones.	Mejor para grupos pequeños.
Integración	Amplia integración con herramientas externas.	Limitada.

2. Uso de Moodle para Enseñar Linux

2.1. Configuración de Moodle

1. **Instalación**:
   - Moodle se puede instalar en un servidor Linux para garantizar su rendimiento.
   - Comandos básicos para instalar Moodle en Ubuntu:

   ```bash
   sudo apt update
   sudo apt install apache2 mysql-server php libapache2-mod-php php-mysql
   wget https://download.moodle.org/stable401/moodle-latest-401.tgz
   tar -xvf moodle-latest-401.tgz
   sudo mv moodle /var/www/html/
   sudo chmod -R 755 /var/www/html/moodle
   ```

2. **Configuración Básica**:
   - Configura la base de datos y crea el administrador del curso.
   - Accede al panel de Moodle en `http://<IP_DEL_SERVIDOR>/moodle`.

2.2. Crear un Curso de Linux en Moodle

1. **Estructura del Curso**:
   - Divide el contenido en módulos semanales o temáticos, por ejemplo:
     - Semana 1: Introducción a Linux y Comandos Básicos.
     - Semana 2: Gestión de Archivos y Directorios.
     - Semana 3: Gestión de Usuarios y Permisos.
     - Semana 4: Automatización con Scripts Bash.
2. **Recursos del Curso**:
   - **Lecciones**:
     - Crea lecciones interactivas con textos, videos y enlaces a recursos externos.
   - **Tareas**:
     - Diseña ejercicios prácticos, como configurar permisos o crear scripts Bash.
   - **Cuestionarios**:
     - Usa preguntas de opción múltiple, verdadero/falso o de respuesta corta para evaluar conocimientos.
     - Ejemplo de pregunta:
       - ¿Qué comando se utiliza para cambiar los permisos de un archivo?
         - `chmod`
         - `ls`
         - `cp`
3. **Integración de Entornos Virtuales**:

- o Integra enlaces a máquinas virtuales basadas en VirtualBox o servicios en la nube como AWS Educate, para que los estudiantes practiquen.

2.3. Ejemplo de Uso Práctico en Moodle

Módulo: Gestión de Archivos y Directorios

- **Lección**:
    - o Explicación teórica de comandos como `ls`, `mkdir`, `rm`, `cp` y `mv`.
    - o Incluye un video tutorial de 5 minutos.
- **Tarea Práctica**:
    - o Crear un directorio llamado `proyecto`.
    - o Dentro de `proyecto`, crear 3 subdirectorios y mover archivos entre ellos.
    - o Subir capturas de pantalla como evidencia.
- **Evaluación**:
    - o Cuestionario con preguntas sobre los comandos explicados.

3. Uso de Edmodo para Enseñar Linux

3.1. Configuración de Edmodo

1. **Registro y Configuración Inicial**:
    - o Crea una cuenta gratuita en Edmodo.
    - o Crea un grupo para tu curso de Linux.
    - o Invita a los estudiantes a unirse mediante un código único.

3.2. Diseñar Actividades en Edmodo

1. **Publicación de Materiales**:
    - o Comparte documentos PDF con explicaciones teóricas.
    - o Proporciona enlaces a videos de YouTube o tutoriales externos.
2. **Tareas**:
    - o Asigna tareas prácticas:
        - Ejemplo: "Usa `grep` para buscar un patrón en un archivo de texto y envía una captura de pantalla."
    - o Los estudiantes pueden subir capturas o documentos directamente en la plataforma.
3. **Foros y Debates**:
    - o Usa el foro de Edmodo para resolver dudas o iniciar discusiones:
        - Pregunta: "¿Qué diferencias existen entre `cp` y `mv`? Proporciona ejemplos prácticos."
4. **Encuestas**:

- Realiza encuestas rápidas para evaluar el entendimiento de conceptos clave.
- Ejemplo: "¿Cuál es el comando correcto para listar archivos ocultos?"
    - A. `ls`
    - B. `ls -a`
    - C. `ls -l`

3.3. Ejemplo de Uso Práctico en Edmodo

Tema: Gestión de Usuarios y Permisos

- **Publicación Inicial**:
    - Comparte una guía paso a paso sobre cómo crear usuarios y modificar permisos.
- **Tarea**:
    - Solicita que los estudiantes:
        1. Creen un usuario llamado `prueba`.
        2. Cambien los permisos de un archivo para que solo el propietario pueda leerlo.
    - Los estudiantes deben enviar capturas de pantalla de su terminal.
- **Debate**:
    - Pregunta: "¿En qué casos es útil el comando `chown`?"
- **Encuesta**:
    - "¿Qué símbolo en `chmod` indica permisos de ejecución?"
        - A. `r`
        - B. `w`
        - C. `x`

4. Integración de Moodle y Edmodo con Otras Herramientas

1. **Máquinas Virtuales y Servicios en la Nube**:
    - Proporciona acceso a entornos Linux utilizando:
        - VirtualBox o VMware.
        - AWS Educate o Google Cloud Free Tier.
2. **Recursos Multimedia**:
    - Incluye videos de plataformas como YouTube o guías prácticas en PDF.
    - Herramientas como **H5P** en Moodle para crear actividades interactivas.
3. **Monitoreo y Evaluación**:
    - Usa herramientas integradas en Moodle para rastrear el progreso de los estudiantes.
    - En Edmodo, utiliza la función de "Tareas Entregadas" para evaluar y proporcionar retroalimentación.

5. Buenas Prácticas para Usar Moodle y Edmodo

1. **Estructurar el Curso Claramente**:
   o Divide el contenido en módulos y semanas para facilitar el aprendizaje progresivo.
2. **Proporcionar Instrucciones Claras**:
   o Describe cada tarea con pasos detallados y ejemplos.
3. **Ofrecer Feedback Regular**:
   o Proporciona comentarios constructivos en cada tarea para reforzar el aprendizaje.
4. **Fomentar la Interacción**:
   o Usa foros y encuestas para promover la colaboración entre los estudiantes.
5. **Aprovechar la Automatización**:
   o En Moodle, configura cuestionarios con corrección automática para ahorrar tiempo.

14.3. Recursos Gratuitos y Comunidades de Apoyo para Aprender y Enseñar Linux

El ecosistema de Linux está respaldado por una amplia gama de recursos gratuitos y comunidades activas que ofrecen apoyo técnico, materiales educativos, y oportunidades de aprendizaje colaborativo. Estas herramientas y foros son fundamentales para estudiantes, educadores y profesionales que buscan profundizar sus conocimientos en Linux, resolver problemas técnicos o mantenerse al día con las últimas innovaciones.

A continuación, se presenta un análisis extenso de los recursos disponibles, las comunidades más relevantes y cómo aprovecharlos de manera efectiva para el aprendizaje y la enseñanza de Linux.

1. Recursos Gratuitos para Aprender y Enseñar Linux

1.1. Documentación Oficial

La documentación oficial de las principales distribuciones de Linux es uno de los recursos más confiables y completos para aprender.

1. **Ubuntu Documentation**:
   o Guías paso a paso para usuarios principiantes y avanzados.
   o URL: Ubuntu Documentation
   o Contenido:
     - Instalación de Ubuntu.
     - Gestión de paquetes con `apt`.

- Configuración de redes y servicios.
2. **Red Hat Documentation**:
    - Enfocado en administradores de sistemas.
    - URL: Red Hat Docs
    - Contenido:
        - Uso de herramientas empresariales como Ansible y OpenShift.
        - Configuración avanzada de servidores.
3. **Arch Linux Wiki**:
    - Ideal para usuarios avanzados que desean personalizar sus sistemas.
    - URL: Arch Wiki
    - Contenido:
        - Instalación manual de Arch Linux.
        - Configuración detallada de software y hardware.

1.2. Cursos Gratuitos y MOOC (Massive Open Online Courses)

Varios sitios web ofrecen cursos gratuitos que cubren desde fundamentos básicos hasta temas avanzados en Linux.

1. **Linux Foundation Training**:
    - Cursos gratuitos sobre administración de sistemas y herramientas relacionadas.
    - URL: Linux Foundation Training
    - Cursos recomendados:
        - *Introduction to Linux* (disponible en edX).
2. **edX**:
    - Cursos ofrecidos por instituciones de renombre.
    - URL: edX Linux Courses
    - Ejemplo:
        - *Introduction to DevOps and Linux.*
3. **Khan Academy y Codecademy**:
    - Introducciones básicas a temas relacionados, como Bash y Linux para programación.

1.3. Repositorios de Código Abierto

Los repositorios son ideales para acceder a scripts, herramientas y proyectos educativos.

1. **GitHub**:
    - Proyectos de código abierto relacionados con Linux.
    - Ejemplo:
        - Scripts Bash para automatización.
        - Configuraciones prediseñadas de servidores.
2. **GitLab**:

- o Similar a GitHub, pero con mayor énfasis en DevOps y colaboración interna.
3. **SourceForge**:
    - o Proyectos clásicos como herramientas de monitoreo y utilidades para Linux.

1.4. Recursos Multimedia

Los videos y podcasts son excelentes para aprender conceptos complejos de manera visual y auditiva.

1. **YouTube**:
    - o Canales recomendados:
        - *The Linux Experiment*: Tutoriales y reseñas sobre distribuciones.
        - *LearnLinuxTV*: Guías prácticas para usuarios de todos los niveles.
    - o Ejemplo de contenido:
        - "10 comandos básicos para principiantes en Linux."
        - "Cómo configurar un servidor web con NGINX."
2. **Podcasts**:
    - o *Linux Action Show*: Noticias y tutoriales en formato podcast.
    - o *Command Line Heroes*: Historias sobre el desarrollo de Linux y herramientas relacionadas.

2. Comunidades de Apoyo para Linux

2.1. Foros y Grupos de Discusión

Los foros son espacios ideales para resolver dudas técnicas y participar en debates.

1. **Stack Overflow**:
    - o Amplia comunidad de programadores y administradores de sistemas.
    - o Ejemplo:
        - Preguntas sobre scripting Bash o configuración de servidores.
2. **Linux.org**:
    - o Foro general para usuarios de Linux.
    - o Secciones:
        - Dudas de principiantes.
        - Soporte técnico para diferentes distribuciones.
3. **Reddit**:
    - o Subreddits útiles:
        - r/linux: Noticias y discusiones generales.
        - r/linuxquestions: Resolución de problemas específicos.
4. **Foros de Distribuciones Específicas**:
    - o Ejemplo:
        - Foros de Ubuntu: Ubuntu Forums
        - Foros of Fedora: Ask Fedora

2.2. Grupos en Redes Sociales y Chat

Las redes sociales y plataformas de mensajería son útiles para consultas rápidas y colaboraciones informales.

1. **Grupos de Facebook**:
   - Grupos dedicados a la enseñanza y el soporte de Linux.
   - Ejemplo:
     - *Linux Users and Enthusiasts.*
2. **Telegram y Discord**:
   - Servidores y canales donde los usuarios comparten conocimientos en tiempo real.
   - Ejemplo:
     - Servidor de Discord: *Linux Users Group.*
     - Canal de Telegram: *Linux Command Line.*

2.3. Proyectos de Código Abierto y Comunidades de Contribución

Contribuir a proyectos de código abierto es una excelente manera de aprender Linux y colaborar con la comunidad.

1. **Open Source Projects**:
   - Ejemplo: Contribuir al desarrollo del kernel de Linux.
   - URL: Linux Kernel Source
2. **Hacktoberfest**:
   - Evento anual que fomenta la contribución a proyectos de código abierto.

3. Cómo Usar Estos Recursos en la Enseñanza de Linux

3.1. Incorporar Documentación en el Temario

1. **Ejemplo de Actividad**:
   - Pedir a los estudiantes que resuelvan problemas técnicos usando la documentación oficial.
   - Actividad:
     - "Consulta el Arch Wiki para configurar un gestor de arranque en Arch Linux."
2. **Beneficio**:
   - Fomenta la independencia y el aprendizaje autodirigido.

3.2. Crear Ejercicios con Repositorios de Código

1. **Actividad Práctica**:
   - Usar scripts Bash de GitHub para tareas específicas.
   - Ejemplo:
     - "Descarga y personaliza un script que automatice el respaldo de archivos."

3.3. Fomentar la Participación en Comunidades

1. **Tarea Colaborativa**:
   - Pedir a los estudiantes que participen en un foro o grupo, planteen una pregunta y compartan la respuesta en clase.
   - Ejemplo:
     - "Busca en Stack Overflow cómo solucionar problemas de permisos y presenta la solución en clase."

3.4. Usar Recursos Multimedia en Clases

1. **Ejemplo de Actividad**:
   - Mostrar un video de YouTube sobre comandos básicos y luego realizar un ejercicio práctico basado en el contenido.

4. Consejos para Aprovechar al Máximo los Recursos y Comunidades

1. **Seleccionar Recursos de Calidad**:
   - Asegúrate de que los materiales sean actualizados y relevantes para el nivel del curso.
2. **Fomentar la Autonomía**:
   - Motiva a los estudiantes a buscar soluciones en la documentación oficial y los foros antes de pedir ayuda.
3. **Involucrar a la Comunidad**:
   - Promueve la colaboración en proyectos de código abierto o la participación en eventos como Hackathons.
4. **Proporcionar una Guía Inicial**:
   - Ofrece a los estudiantes una lista curada de recursos para evitar que se sientan abrumados.

15.1. Planificación del Currículum para un Curso de Linux Exitoso

La planificación del currículum es el primer paso para garantizar el éxito de un curso de Linux. Un diseño bien estructurado asegura que los estudiantes adquieran conocimientos progresivos, desde fundamentos básicos hasta habilidades avanzadas, mientras mantienen el interés y la motivación. Este punto se desarrolla desde una perspectiva práctica, con ejemplos claros y guías específicas para crear un currículum efectivo.

1. Definiendo los Objetivos del Curso

Antes de comenzar a estructurar el contenido, es fundamental identificar los objetivos del curso y las habilidades que los estudiantes deben adquirir.

1.1. Tipos de Objetivos

1. **Conocimientos Técnicos**:
   - Comprender el funcionamiento del sistema operativo Linux.
   - Manejar comandos básicos y avanzados en el terminal.
   - Configurar servicios y administrar redes.
2. **Habilidades Prácticas**:
   - Automatizar tareas con scripts Bash.
   - Solucionar problemas técnicos comunes.
   - Configurar y asegurar sistemas Linux.
3. **Preparación Profesional**:
   - Aplicar las habilidades adquiridas en escenarios reales.
   - Obtener certificaciones como *Linux Essentials* o *LPIC-1*.

2. Estructura del Currículum

El contenido debe organizarse de manera lógica y progresiva, abordando temas básicos antes de avanzar a áreas más complejas.

2.1. Divisiones Principales del Currículum

1. **Introducción y Fundamentos** (Semana 1-2):
   - Historia y filosofía de Linux.
   - Instalación y primeros pasos.
   - Navegación por el sistema de archivos.
2. **Comandos Básicos y Gestión del Sistema** (Semana 3-4):
   - Gestión de archivos y directorios.
   - Uso de editores de texto como `nano` y `vim`.

- Introducción a los permisos y usuarios.
3. **Administración del Sistema** (Semana 5-6):
    - Gestión de paquetes.
    - Configuración de usuarios y grupos.
    - Monitoreo de procesos y recursos.
4. **Redes y Seguridad** (Semana 7-8):
    - Configuración de redes.
    - Uso de herramientas como `iptables` y `ufw`.
    - Introducción a la ciberseguridad en Linux.
5. **Automatización y Scripting** (Semana 9-10):
    - Fundamentos de Bash.
    - Creación de scripts para tareas comunes.
    - Programación básica con herramientas como `cron`.
6. **Proyecto Final y Evaluación** (Semana 11-12):
    - Desarrollar un proyecto que combine todos los temas aprendidos.
    - Evaluación teórica y práctica.

2.2. Ejemplo Práctico: Calendario del Curso

Semana	Tema	Actividades Prácticas
1	Introducción y Filosofía de Linux	Instalación de una máquina virtual con Linux.
2	Navegación y Comandos Básicos	Crear y manipular archivos y directorios.
3	Gestión de Usuarios y Permisos	Configurar usuarios y asignar permisos.
4	Gestión de Paquetes	Instalar y actualizar paquetes con `apt`.
5	Configuración de Servicios	Configurar un servidor web con Apache.
6	Redes Básicas	Configurar una red local y probar `ping`.
7	Seguridad	Configurar un firewall con `ufw`.
8	Automatización con Scripts	Crear un script Bash para respaldos.
9-12	Proyecto Final	Configurar un servidor seguro y funcional.

3. Desarrollo del Contenido

Cada tema del currículum debe incluir explicaciones teóricas, ejercicios prácticos y evaluaciones para medir el progreso.

3.1. Ejemplo de Tema: Comandos Básicos y Gestión de Archivos

1. Objetivos

- Aprender comandos esenciales como `ls`, `cd`, `cp`, `mv` y `rm`.
- Navegar por el sistema de archivos y gestionar directorios.

2. Explicación Teórica

- **ls**: Lista archivos y directorios.

    ```bash
    ls -l
    ```

- **cd**: Cambia el directorio actual.

    ```bash
    cd /home/usuario
    ```

- **cp**: Copia archivos.

    ```bash
    cp archivo.txt /backup/
    ```

3. Actividad Práctica

1. Crear un directorio llamado `proyecto` y navegar hasta él:

    ```bash
    mkdir proyecto
    cd proyecto
    ```

2. Dentro de `proyecto`, crear tres archivos vacíos:

    ```bash
    touch archivo1.txt archivo2.txt archivo3.txt
    ```

3. Mover los archivos a un subdirectorio llamado `datos`:

    ```bash
    mkdir datos
    mv archivo*.txt datos/
    ```

4. Evaluación

- Pregunta teórica: ¿Qué comando usarías para copiar un archivo sin sobrescribirlo?
- Ejercicio práctico: Realiza un respaldo del directorio `datos` en `/backup`.

3.2. Ejemplo de Tema: Redes Básicas

1. Objetivos

- Configurar conexiones de red en Linux.
- Diagnosticar problemas de red con herramientas básicas.

2. Explicación Teórica

- `ping`: Comprueba la conectividad con otro dispositivo.

    bash

    ping 8.8.8.8

- `ifconfig/ip`: Muestra y configura interfaces de red.

    bash

    ip addr show

- `netstat/ss`: Muestra conexiones activas y servicios en red.

    bash

    ss -tuln

3. Actividad Práctica

1. Configurar una dirección IP estática en una máquina Linux.
2. Usar `ping` para verificar la conectividad con la puerta de enlace.
3. Identificar servicios activos con `ss`.

4. Evaluación

- Configura una conexión SSH entre dos máquinas y explica los pasos realizados.

4. Recursos y Herramientas

4.1. Máquinas Virtuales y Simuladores

- **VirtualBox**: Crear entornos Linux virtuales.

- **AWS Educate**: Acceso gratuito a servidores en la nube.

4.2. Documentación

- **Arch Wiki**: Guía detallada para configuraciones avanzadas.
- **Ubuntu Docs**: Recursos para principiantes.

4.3. Plataformas Educativas

- **Moodle**: Organización del curso y evaluaciones.
- **Edmodo**: Colaboración entre estudiantes y docentes.

5. Evaluación y Retroalimentación

5.1. Evaluaciones Teóricas

- **Cuestionarios**:
    - Pregunta: "¿Cuál es la diferencia entre `chmod 755` y `chmod 644`?"
    - Opciones:
        - A. Permisos de ejecución para todos.
        - B. Solo permisos de escritura para el propietario.

5.2. Evaluaciones Prácticas

- Diseñar ejercicios como:
    - Configurar un servidor básico.
    - Crear un script Bash para respaldos automáticos.

5.3. Proyecto Final

- Los estudiantes deben integrar todos los conceptos aprendidos.
- Ejemplo: Configurar un servidor Linux funcional con un firewall, servicios web y seguridad básica.

6. Consejos Prácticos para Planificar un Currículum de Linux

1. **Conoce a tu Audiencia**:
    - Ajusta el nivel de dificultad según la experiencia previa de los estudiantes.
2. **Incluye Ejercicios Prácticos**:
    - Asegúrate de que cada tema tenga actividades aplicables al mundo real.
3. **Usa Herramientas Modernas**:
    - Introduce entornos virtuales y simuladores para aprendizaje práctico.
4. **Incorpora Evaluaciones Continuas**:
    - Realiza pruebas regulares para medir el progreso y ajustar el contenido según sea necesario.

5. **Fomenta la Colaboración**:
   - Diseña proyectos grupales para que los estudiantes trabajen juntos y compartan conocimientos.

15.2. Adaptando Contenidos para Diferentes Niveles en un Curso de Linux

Un curso de Linux puede atraer a estudiantes con distintos niveles de experiencia, desde principiantes hasta usuarios avanzados. Adaptar los contenidos para atender las necesidades de estos diversos perfiles es crucial para maximizar el aprendizaje y mantener el compromiso de todos los participantes.

En esta sección, se detalla cómo adaptar eficazmente el contenido de un curso de Linux para niveles básico, intermedio y avanzado. Incluye estrategias, ejemplos prácticos y herramientas que los educadores pueden usar para garantizar un aprendizaje escalonado y efectivo.

1. Identificando los Niveles de los Estudiantes

1.1. Nivel Básico

- **Perfil**:
  - Estudiantes sin experiencia previa en Linux o con conocimientos limitados de sistemas operativos.
- **Objetivos**:
  - Introducir conceptos fundamentales como el uso del terminal, comandos básicos y navegación en el sistema de archivos.
  - Familiarizarse con el entorno Linux y comprender su filosofía.

1.2. Nivel Intermedio

- **Perfil**:
  - Usuarios con experiencia básica en Linux, familiarizados con comandos esenciales.
- **Objetivos**:
  - Ampliar conocimientos en administración de sistemas, gestión de usuarios y permisos, y uso de herramientas avanzadas.
  - Introducir conceptos de redes y seguridad.

1.3. Nivel Avanzado

- **Perfil**:

- Administradores de sistemas, desarrolladores y estudiantes con experiencia sólida en Linux.
- **Objetivos**:
  - Dominar la automatización, scripting avanzado, configuración de servidores y servicios críticos.
  - Explorar temas avanzados como ciberseguridad y administración en entornos empresariales.

2. Estrategias para Adaptar Contenidos

2.1. Diseñar Contenidos Escalonados

1. **Nivel Básico**:
   - Introducir comandos básicos (`ls`, `cd`, `pwd`) con ejercicios prácticos simples.
   - Usar herramientas gráficas para complementar el aprendizaje del terminal.
2. **Nivel Intermedio**:
   - Incluir temas como permisos y usuarios, gestión de paquetes y monitoreo del sistema.
   - Incorporar ejercicios prácticos que combinen varios comandos básicos en tareas más complejas.
3. **Nivel Avanzado**:
   - Introducir scripting con Bash, administración de redes y configuración de servicios empresariales.
   - Proponer proyectos prácticos que simulen escenarios reales, como configurar un servidor web seguro.

2.2. Proporcionar Opciones de Aprendizaje Flexible

- Ofrecer módulos opcionales o secciones extra para estudiantes que quieran profundizar en temas avanzados sin sobrecargar a principiantes.
- Usar evaluaciones diagnósticas para ajustar el contenido según el nivel inicial de cada estudiante.

2.3. Ejemplo de Tema: Gestión de Archivos

Nivel Básico

- **Objetivo**: Familiarizarse con la creación, manipulación y eliminación de archivos y directorios.
- **Contenido**:

- Comandos básicos:

  ```bash
  mkdir directorio
  touch archivo.txt
  rm archivo.txt
  ```

- **Ejercicio Práctico**:
  - Crear un directorio llamado `proyecto`, dentro de él un archivo `notas.txt`, y luego eliminarlo.

Nivel Intermedio

- **Objetivo**: Aplicar comandos básicos en tareas más complejas y aprender a gestionar permisos.
- **Contenido**:
  - Cambiar permisos de archivos:

    ```bash
    chmod 644 archivo.txt
    chmod 700 directorio/
    ```

  - Copiar y mover archivos:

    ```bash
    cp archivo.txt /ruta/destino
    mv archivo.txt /ruta/destino
    ```

- **Ejercicio Práctico**:
  - Crear un directorio compartido con permisos específicos para varios usuarios.

Nivel Avanzado

- **Objetivo**: Automatizar la gestión de archivos con scripts Bash.
- **Contenido**:
  - Crear un script para realizar copias de seguridad:

    ```bash
    #!/bin/bash
    mkdir -p /backup
    tar -czf /backup/backup_$(date +%Y%m%d).tar.gz /ruta/origen
    echo "Backup completado el $(date)" >> /backup/log.txt
    ```

- **Ejercicio Práctico**:

- o   Automatizar el script anterior con `cron` para que se ejecute diariamente.

2.4. Ejemplo de Tema: Redes Básicas

Nivel Básico

- **Objetivo**: Entender conceptos básicos de redes y usar herramientas simples.
- **Contenido**:
    - o   Verificar conectividad con `ping`:

        bash

        ```
        ping 8.8.8.8
        ```

    - o   Visualizar configuración de red:

        bash

        ```
        ip addr show
        ```

Nivel Intermedio

- **Objetivo**: Configurar interfaces de red y diagnosticar problemas.
- **Contenido**:
    - o   Configuración de IP estática:

        bash

        ```
        sudo nano /etc/netplan/00-installer-config.yaml
        netplan apply
        ```

    - o   Diagnóstico de puertos abiertos:

        bash

        ```
        sudo netstat -tuln
        ```

Nivel Avanzado

- **Objetivo**: Configurar servicios de red y asegurar conexiones.
- **Contenido**:
    - o   Configurar un servidor SSH:

        bash

```
sudo nano /etc/ssh/sshd_config
sudo systemctl restart sshd
```

- Configurar un firewall con `ufw`:

```bash
sudo ufw allow 22
sudo ufw enable
```

3. Recursos y Herramientas para Cada Nivel

3.1. Nivel Básico

- **Documentación y Tutoriales**:
    - Ubuntu Desktop Guide.
- **Entornos Prácticos**:
    - Distribuciones amigables como Ubuntu o Mint.

3.2. Nivel Intermedio

- **Documentación y Tutoriales**:
    - Arch Wiki para configuraciones personalizadas.
    - Guías de administración de sistemas en línea.
- **Entornos Prácticos**:
    - Máquinas virtuales con VirtualBox.
    - Acceso a servidores básicos en AWS Educate.

3.3. Nivel Avanzado

- **Documentación y Tutoriales**:
    - Guías avanzadas de Red Hat.
    - Recursos de la Linux Foundation.
- **Entornos Prácticos**:
    - Laboratorios de simulación como TryHackMe y OverTheWire.
    - Implementaciones en servidores reales.

4. Evaluación y Adaptación del Progreso

4.1. Pruebas Diagnósticas

- Usar cuestionarios para evaluar los conocimientos previos y asignar tareas según el nivel.

4.2. Evaluaciones Continuas

- Diseñar ejercicios prácticos y proyectos adaptados al nivel de dificultad de cada grupo.

4.3. Feedback Personalizado

- Proporcionar retroalimentación detallada para guiar a los estudiantes en su progreso.

15.3. Resolución de Problemas Comunes en la Enseñanza de Linux

Enseñar Linux puede presentar desafíos únicos debido a la variedad de niveles de experiencia de los estudiantes, las complejidades técnicas del sistema operativo y las diferencias en los entornos de aprendizaje. Sin embargo, una planificación adecuada, la anticipación de problemas y la implementación de soluciones prácticas pueden garantizar una experiencia educativa efectiva y enriquecedora.

En esta sección se abordan problemas comunes en la enseñanza de Linux y se ofrecen estrategias prácticas para solucionarlos. Estas recomendaciones se basan en escenarios reales que educadores y estudiantes pueden enfrentar durante el proceso de aprendizaje.

1. Problema: Diversidad en los Niveles de Habilidad

Descripción del Problema

En un curso de Linux, los estudiantes suelen tener diferentes niveles de conocimiento, desde principiantes que nunca han usado un terminal hasta usuarios avanzados que buscan profundizar en administración de sistemas.

Soluciones Prácticas

1. **Evaluación Diagnóstica Inicial**:
    - Administra una prueba corta para identificar el nivel de conocimientos de los estudiantes.
    - Ejemplo de preguntas:
        - ¿Qué comando usarías para listar los archivos en un directorio?
        - ¿Has configurado servicios en Linux antes?
2. **Diseño de Contenidos Escalonados**:

- Divide el curso en módulos básicos, intermedios y avanzados, con la opción de que los estudiantes más avanzados se salten los primeros módulos si es necesario.
- Proporciona tareas opcionales para estudiantes que deseen profundizar.
3. **Formación de Grupos Colaborativos**:
   - Combina estudiantes de diferentes niveles en equipos para fomentar el aprendizaje entre pares.
4. **Tutorías Individuales**:
   - Ofrece sesiones de consulta para abordar problemas específicos de los estudiantes principiantes.

2. Problema: Dificultad para Comprender el Terminal

Descripción del Problema

Muchos estudiantes, especialmente aquellos acostumbrados a interfaces gráficas, encuentran intimidante trabajar en el terminal debido a la falta de familiaridad con los comandos y la sintaxis.

Soluciones Prácticas

1. **Introducción Gradual**:
   - Comienza con comandos básicos como `ls`, `cd` y `pwd`, y aumenta progresivamente la complejidad.
   - Proporciona ejercicios prácticos para cada comando:

   ```bash
   # Ejercicio: Listar todos los archivos en un directorio con detalles
   ls -l
   ```

2. **Documentación y Referencias Visuales**:
   - Proporciona hojas de referencia con comandos comunes y ejemplos.
   - Usa diagramas para explicar conceptos como el sistema de archivos jerárquico.
3. **Simulación de Escenarios Reales**:
   - Diseña ejercicios prácticos como "Encuentra un archivo específico en una carpeta usando `find`" para demostrar el valor del terminal en tareas cotidianas.
4. **Uso de Herramientas de Ayuda**:
   - Introduce herramientas como `man` (manuales de comandos) y `--help` para que los estudiantes puedan buscar información directamente en el terminal.

3. Problema: Limitaciones de Recursos Técnicos

Descripción del Problema

No todos los estudiantes tienen acceso a hardware potente o sistemas configurados para practicar Linux, lo que puede dificultar el aprendizaje práctico.

Soluciones Prácticas

1. **Uso de Máquinas Virtuales**:
   - Proporciona guías para instalar y configurar VirtualBox o VMware en sus computadoras.
   - Recomendación de distribuciones ligeras como Lubuntu o Debian para minimizar los requisitos de hardware.
2. **Plataformas en la Nube**:
   - Utiliza servicios gratuitos como AWS Educate, Google Cloud Free Tier o Azure for Students para proporcionar acceso a entornos Linux en la nube.
3. **Distribuciones Live USB**:
   - Enseña a los estudiantes a crear Live USBs con distribuciones de Linux, lo que les permite ejecutar Linux directamente desde una memoria USB sin necesidad de instalación.
4. **Laboratorios Compartidos**:
   - Establece laboratorios locales o remotos donde los estudiantes puedan acceder a servidores Linux compartidos.

4. Problema: Baja Retención de Conocimientos

Descripción del Problema

Los estudiantes pueden tener dificultades para recordar conceptos técnicos debido a la falta de práctica o al enfoque teórico del curso.

Soluciones Prácticas

1. **Enfoque en Aprendizaje Activo**:
   - Diseña actividades prácticas para reforzar los conceptos teóricos inmediatamente después de explicarlos.
   - Ejemplo:
     - **Teoría**: Explicar el comando `chmod`.
     - **Práctica**: "Cambia los permisos de un archivo para que solo el propietario pueda leer y escribir."

     ```bash
     chmod 600 archivo.txt
     ```

2. **Evaluaciones Regulares**:
   - Implementa cuestionarios y evaluaciones prácticas periódicas para medir la comprensión.
   - Usa herramientas como Moodle o Google Forms para automatizar los cuestionarios.
3. **Proyectos Basados en Problemas**:

- o Proporciona desafíos reales que combinen múltiples conceptos aprendidos.
- o Ejemplo: Configurar un servidor web funcional con Apache y asegurarlo con un firewall.
4. **Documentación Personal**:
   - o Anima a los estudiantes a crear su propio "manual de Linux", registrando comandos, soluciones a problemas y buenas prácticas.

5. Problema: Dificultades con la Configuración de Entornos

Descripción del Problema

Los estudiantes, especialmente los principiantes, pueden encontrar complicado instalar y configurar Linux en sus dispositivos.

Soluciones Prácticas

1. **Distribuciones Amigables para Principiantes**:
   - o Recomienda distribuciones fáciles de usar, como Ubuntu, Linux Mint o Zorin OS.
2. **Guías Detalladas Paso a Paso**:
   - o Proporciona tutoriales detallados con capturas de pantalla para instalar Linux.
   - o Ejemplo:
     - **Título**: "Cómo instalar Ubuntu en VirtualBox."
     - **Pasos**:
       1. Descargar Ubuntu desde ubuntu.com.
       2. Configurar una nueva máquina virtual en VirtualBox.
       3. Completar el proceso de instalación de Ubuntu.
3. **Entornos Preconfigurados**:
   - o Proporciona imágenes de máquinas virtuales preconfiguradas para que los estudiantes puedan empezar de inmediato.
4. **Asistencia en la Configuración**:
   - o Organiza sesiones de tutoría específicas para ayudar a los estudiantes con problemas de instalación.

6. Problema: Falta de Participación Activa

Descripción del Problema

Algunos estudiantes pueden perder interés o no participar activamente, especialmente si el contenido no parece relevante o demasiado teórico.

Soluciones Prácticas

1. **Gamificación del Aprendizaje**:

- Implementa elementos de juego como tablas de clasificación, recompensas e insignias para motivar a los estudiantes.
- Ejemplo:
  - "Completa tres ejercicios prácticos esta semana y gana un distintivo de *Explorador del Terminal*."

2. **Proyectos Colaborativos**:
   - Diseña proyectos grupales para fomentar la interacción entre estudiantes.
   - Ejemplo: "Crea un sistema de respaldo automatizado en grupo."
3. **Casos de Uso Reales**:
   - Relaciona los temas del curso con aplicaciones prácticas en la industria.
   - Ejemplo:
     - "Aprender a configurar un servidor web es útil para administrar sitios corporativos."
4. **Retroalimentación y Encuestas**:
   - Solicita comentarios regulares de los estudiantes para ajustar el contenido y las actividades según sus necesidades.

7. Problema: Resolución de Problemas Técnicos en Tiempo Real

Descripción del Problema

Los estudiantes pueden enfrentar errores inesperados durante las actividades prácticas, lo que puede generar frustración si no reciben soporte rápido.

Soluciones Prácticas

1. **Foros de Discusión**:
   - Crea un foro en Moodle o una sala de chat en Discord donde los estudiantes puedan compartir problemas y soluciones.
2. **Guías de Resolución de Problemas**:
   - Proporciona documentación con soluciones a problemas comunes.
   - Ejemplo:
     - **Problema**: "Error: Permiso denegado al ejecutar un script."
     - **Solución**:

       ```bash
       chmod +x script.sh
       ```

3. **Tutorías en Tiempo Real**:
   - Organiza sesiones virtuales semanales donde los estudiantes puedan resolver dudas con un instructor.
4. **Fomentar la Búsqueda Independiente**:
   - Enseña a los estudiantes a buscar en Google, Stack Overflow y documentación oficial para resolver problemas.

Apéndices y Recursos Adicionales

16.1. Distribuciones Linux para Educación: Edubuntu, Debian Edu, y Otras

El ecosistema de Linux ofrece una gran variedad de distribuciones diseñadas específicamente para entornos educativos. Estas distribuciones están optimizadas para facilitar el aprendizaje, la enseñanza y la administración en aulas, laboratorios y entornos de aprendizaje remoto. Distribuciones como **Edubuntu** y **Debian Edu** han sido desarrolladas pensando en las necesidades de educadores y estudiantes, proporcionando herramientas de aprendizaje, sistemas preconfigurados y soporte comunitario.

A continuación, se describen estas distribuciones y otras destacadas, junto con sus características clave, ventajas y casos de uso específicos.

1. Edubuntu

1.1. ¿Qué es Edubuntu?

Edubuntu es una variante de Ubuntu diseñada específicamente para el sector educativo. Fue desarrollada en colaboración con educadores y profesionales de TI para satisfacer las necesidades de aulas y laboratorios escolares. Aunque el desarrollo principal se pausó en 2017, Edubuntu sigue siendo una opción sólida y puede integrarse con distribuciones modernas basadas en Ubuntu.

1.2. Características Principales

1. **Interfaz Gráfica Intuitiva**:
   - Basada en el entorno de escritorio GNOME, es fácil de usar tanto para estudiantes como para educadores.
2. **Software Preinstalado**:
   - Incluye aplicaciones educativas como:
     - **GCompris**: Juegos educativos para niños.
     - **Tux Paint**: Programa de dibujo simple y educativo.
     - **KDE Education Suite**: Conjunto de aplicaciones para matemáticas, idiomas, ciencias y más.
3. **Soporte para LTSP (Linux Terminal Server Project)**:
   - Permite configurar clientes ligeros en aulas, reutilizando hardware antiguo.
4. **Filosofía de Código Abierto**:
   - Diseñado para ser gratuito, accesible y personalizable.

1.3. Ventajas

- Ideal para aulas con recursos limitados.

- Amplia selección de software educativo.
- Comunidad activa de soporte en torno a Ubuntu.

1.4. Caso de Uso

- Un aula con hardware antiguo puede implementar Edubuntu en un servidor y utilizar LTSP para que los estudiantes accedan a aplicaciones educativas desde clientes ligeros.

1.5. Instalación

1. Descargar la imagen ISO de Edubuntu o una variante educativa moderna de Ubuntu.
2. Instalar como cualquier distribución de Ubuntu.
3. Añadir paquetes educativos usando `apt`:

```bash
sudo apt update
sudo apt install gcompris tuxpaint kdeedu
```

2. Debian Edu / Skolelinux

2.1. ¿Qué es Debian Edu?

Debian Edu, también conocido como **Skolelinux**, es una distribución basada en Debian, diseñada específicamente para entornos escolares. Ofrece una solución lista para usar que incluye herramientas de administración de red, aplicaciones educativas y servicios configurados automáticamente.

2.2. Características Principales

1. **Facilidad de Configuración**:
   - Viene preconfigurado para servir como servidor de red en entornos escolares.
   - Servicios listos para usar como LDAP, Kerberos, y Samba para la gestión de usuarios y recursos compartidos.
2. **Software Educativo**:
   - Incluye herramientas para matemáticas, ciencias, lenguajes, y más:
     - **Geogebra**: Herramienta de matemáticas interactiva.
     - **KAlgebra**: Calculadora gráfica.
     - **Celestia**: Explorador del universo en 3D.
3. **Soporte Multilingüe**:
   - Diseñado para funcionar en múltiples idiomas, facilitando su uso en escuelas de todo el mundo.
4. **Adaptado para Clientes Ligeros**:
   - Compatible con LTSP para reutilizar hardware antiguo.

2.3. Ventajas

- Configuración automática de redes escolares.

- Basado en Debian, lo que garantiza estabilidad y soporte a largo plazo.
- Excelente documentación y comunidad activa.

2.4. Caso de Uso

- Una escuela puede usar Debian Edu para configurar un servidor que administre cuentas de usuario, servicios de red, almacenamiento compartido y aplicaciones educativas.

2.5. Instalación

1. Descargar la ISO de Debian Edu desde su sitio oficial.
2. Elegir el perfil adecuado durante la instalación:
    - **Servidor principal**: Configura un servidor de red completo.
    - **Cliente de trabajo**: Para estaciones de trabajo individuales.
3. Configurar clientes ligeros si es necesario.

3. Otras Distribuciones Destacadas

3.1. Sugar on a Stick

- **Descripción**:
    - Una distribución ligera diseñada para niños, basada en Fedora.
    - Usada en el proyecto One Laptop per Child (OLPC).
- **Características**:
    - Interfaz simplificada con actividades enfocadas en el aprendizaje colaborativo.
    - Puede ejecutarse desde una memoria USB sin necesidad de instalación.
- **Ventajas**:
    - Ideal para entornos educativos con recursos limitados.
    - No requiere almacenamiento local.
- **Instalación**:
    - Descargar la imagen desde Sugar Labs.
    - Grabar en un USB con herramientas como Rufus o Etcher.

3.2. Endless OS

- **Descripción**:
    - Diseñada para usuarios sin acceso constante a Internet.
    - Basada en Linux, pero enfocada en aplicaciones offline.
- **Características**:
    - Incluye contenido educativo preinstalado, como enciclopedias y tutoriales.
    - Interfaz amigable basada en GNOME.
- **Ventajas**:
    - Perfecta para regiones con conectividad limitada.
- **Instalación**:

- Descargar desde Endless OS.
- Instalar como un sistema operativo independiente.

3.3. Ubermix

- **Descripción**:
  - Basada en Ubuntu, diseñada para escuelas con un enfoque en la simplicidad y la recuperación rápida.
- **Características**:
  - Herramienta de reinicio rápido para restaurar configuraciones predeterminadas.
  - Incluye aplicaciones educativas preinstaladas.
- **Ventajas**:
  - Baja curva de aprendizaje para administradores de sistemas escolares.
  - Resiliencia frente a errores del usuario.
- **Instalación**:
  - Descargar desde Ubermix.

3.4. Fedora Education Spin

- **Descripción**:
  - Una edición de Fedora enfocada en la educación.
- **Características**:
  - Software educativo como TuxMath, Stellarium y Marble.
  - Basado en el entorno KDE.
- **Ventajas**:
  - Comunidad activa y soporte continuo.
- **Instalación**:
  - Descargar desde Fedora Spins.

4. Comparativa de Distribuciones para Educación

Distribución	Ideal Para	Ventajas	Limitaciones
Edubuntu	Aulas con hardware limitado	Fácil de usar, software educativo preinstalado	Desactualizada (requiere integración manual).
Debian Edu / Skolelinux	Escuelas con redes complejas	Configuración automática, gran estabilidad	Curva de aprendizaje para administración.
Sugar on a Stick	Educación primaria	Interfaz simple, portátil	Enfoque limitado a niños pequeños.

Distribución	Ideal Para	Ventajas	Limitaciones
Endless OS	Entornos sin conexión a Internet	Contenido offline preinstalado	Limitaciones en personalización técnica.
Ubermix	Escuelas con soporte técnico básico	Recuperación rápida, fácil de administrar	Menor personalización en comparación con Debian.
Fedora Education Spin	Escuelas con enfoque tecnológico	Actualizaciones frecuentes, comunidad activa	Requiere hardware más moderno.

5. Cómo Elegir la Distribución Adecuada

1. **Considera el Nivel Educativo**:
   - Primaria: Sugar on a Stick o Endless OS.
   - Secundaria: Edubuntu, Ubermix.
   - Universidades: Debian Edu, Fedora Education Spin.
2. **Evalúa los Recursos Disponibles**:
   - Hardware antiguo: Debian Edu con LTSP.
   - Acceso limitado a Internet: Endless OS.
3. **Define los Objetivos del Curso**:
   - Enfocado en herramientas educativas: Edubuntu, Fedora Education Spin.
   - Formación técnica en administración de sistemas: Debian Edu.

16.2. Comparativa de Características de Distribuciones Linux para Educación

La elección de una distribución Linux adecuada para entornos educativos depende de múltiples factores, como las necesidades específicas del curso, los recursos técnicos disponibles y el nivel de experiencia de los estudiantes y educadores. En esta sección, se presenta una **comparativa detallada de características clave** entre las principales distribuciones educativas de Linux, con el objetivo de ayudar a tomar decisiones informadas.

1. Aspectos Comparados

Para evaluar las distribuciones, se han seleccionado los siguientes criterios clave:

1. **Facilidad de Uso**:
   - ¿Es amigable para usuarios sin experiencia técnica?
2. **Recursos Hardware**:
   - ¿Puede funcionar en hardware antiguo o de bajos recursos?
3. **Software Educativo**:
   - ¿Incluye aplicaciones específicas para la enseñanza y el aprendizaje?
4. **Soporte y Comunidad**:
   - ¿Tiene una comunidad activa o soporte técnico disponible?
5. **Capacidades Avanzadas**:
   - ¿Permite configuraciones complejas para redes escolares o proyectos técnicos avanzados?
6. **Adaptabilidad**:
   - ¿Se puede personalizar para cumplir con requisitos específicos?

2. Distribuciones Comparadas

Las distribuciones seleccionadas para esta comparativa son:

1. **Edubuntu**: Derivada de Ubuntu, orientada a la educación básica y secundaria.
2. **Debian Edu/Skolelinux**: Diseñada para entornos escolares con redes complejas.
3. **Sugar on a Stick**: Enfocada en niños y aprendizaje colaborativo.
4. **Endless OS**: Diseñada para uso offline con aplicaciones educativas preinstaladas.
5. **Ubermix**: Simplificada y orientada a la recuperación rápida en aulas.
6. **Fedora Education Spin**: Edición de Fedora con herramientas educativas y científicas.

3. Tabla Comparativa de Características

Característica	Edubuntu	Debian Edu	Sugar on a Stick	Endless OS	Ubermix	Fedora Education Spin
Facilidad de Uso	Alta	Media	Alta	Alta	Alta	Media
Requerimientos Hardware	Medios	Bajos	Muy bajos	Bajos	Bajos	Medios
Software Educativo	Extenso (GCompris, KDE Edu)	Extenso (Geogebra, Celestia)	Básico (Actividades para niños)	Extenso (Offline Tools)	Básico (Apps preinstaladas)	Extenso (Matemáticas, Ciencia)
Soporte y Comunidad	Activa (Ubuntu Forums)	Activa (Debian Community)	Limitada	Limitada	Media	Activa (Fedora Project)
Capacidades Avanzadas	Media	Alta (Redes y servidores)	Baja	Baja	Baja	Media (Herramientas científicas)

Característica	Edubuntu	Debian Edu	Sugar on a Stick	Endless OS	Ubermix	Fedora Education Spin
Adaptabilidad	Alta	Alta	Baja	Media	Media	Alta

4. Análisis de Comparación

4.1. Edubuntu

- **Fortalezas**:
    - Fácil de usar para estudiantes y educadores con poca experiencia técnica.
    - Gran variedad de herramientas educativas preinstaladas.
    - Soporte activo gracias a la comunidad Ubuntu.
- **Debilidades**:
    - Requiere hardware más moderno que otras opciones como Debian Edu.
    - El desarrollo oficial ha disminuido, lo que puede requerir configuraciones manuales adicionales.

Ideal para: Aulas de educación básica y secundaria con hardware moderno.

4.2. Debian Edu/Skolelinux

- **Fortalezas**:
    - Solución integral para redes escolares, con configuraciones automáticas para servidores, clientes y usuarios.
    - Estabilidad garantizada gracias a su base Debian.
    - Compatible con hardware antiguo y clientes ligeros (LTSP).
- **Debilidades**:
    - Requiere experiencia técnica para aprovechar todo su potencial.
    - Menos amigable para principiantes en comparación con Edubuntu o Endless OS.

Ideal para: Instituciones educativas con redes complejas y soporte técnico interno.

4.3. Sugar on a Stick

- **Fortalezas**:
    - Diseñado específicamente para niños pequeños.
    - Interfaz altamente simplificada y atractiva para el aprendizaje inicial.

- Portátil y liviano: funciona desde una memoria USB sin necesidad de instalación.
- **Debilidades**:
  - Uso limitado a entornos de educación primaria.
  - Falta de herramientas avanzadas para educación secundaria o superior.

Ideal para: Educación primaria y proyectos con niños en áreas con recursos limitados.

4.4. Endless OS

- **Fortalezas**:
  - Contenido educativo offline, ideal para áreas con poca o nula conectividad a Internet.
  - Fácil de usar, con una interfaz similar a GNOME.
  - Aplicaciones educativas preinstaladas, como enciclopedias y tutoriales.
- **Debilidades**:
  - Menos flexible para configuraciones técnicas avanzadas.
  - Enfocado principalmente en entornos sin Internet, lo que puede limitar su uso en aulas conectadas.

Ideal para: Escuelas en zonas rurales o con acceso limitado a Internet.

4.5. Ubermix

- **Fortalezas**:
  - Configuración simplificada, ideal para educadores con poca experiencia técnica.
  - Función de restauración rápida para solucionar errores de los usuarios.
  - Liviana, adecuada para hardware de bajos recursos.
- **Debilidades**:
  - Menos personalizable en comparación con Debian Edu o Fedora Education Spin.
  - Enfocada más en la facilidad de uso que en capacidades avanzadas.

Ideal para: Aulas con estudiantes jóvenes y sin soporte técnico especializado.

4.6. Fedora Education Spin

- **Fortalezas**:

- - Gran variedad de herramientas científicas y educativas.
  - Basado en Fedora, con actualizaciones frecuentes y soporte comunitario.
  - Compatible con entornos modernos de investigación y educación.
- **Debilidades**:
  - Requiere hardware más potente que otras opciones como Debian Edu o Sugar on a Stick.
  - Puede ser abrumador para principiantes debido a la cantidad de herramientas disponibles.

Ideal para: Instituciones de educación superior o secundaria técnica con recursos modernos.

5. Recomendaciones según el Contexto

5.1. Educación Primaria

- **Recomendación Principal**: Sugar on a Stick.
- **Alternativa**: Endless OS para regiones sin conectividad.

5.2. Educación Secundaria

- **Recomendación Principal**: Edubuntu (para aulas generales).
- **Alternativa**: Debian Edu (si se requiere configuración de redes escolares).

5.3. Educación Superior y Técnica

- **Recomendación Principal**: Fedora Education Spin.
- **Alternativa**: Debian Edu para entornos que necesiten estabilidad y soporte a largo plazo.

5.4. Recursos Limitados

- **Recomendación Principal**: Debian Edu o Sugar on a Stick.
- **Alternativa**: Endless OS para entornos offline.

17 Glosario de Términos Técnicos en Linux

El conocimiento de términos técnicos es fundamental para comprender el funcionamiento de Linux y sus herramientas. Este glosario recoge definiciones detalladas y ejemplos prácticos de los conceptos más relevantes en Linux, con el objetivo de facilitar su comprensión para estudiantes y educadores.

1. A

Alias

- **Definición**: Comando que permite asignar un nombre corto a un comando o una serie de comandos.
- **Ejemplo**:
    - Crear un alias para listar archivos en formato largo:

    ```bash
    alias ll='ls -l'
    ```

    - Para que sea permanente, agregar al archivo ~/.bashrc.

APT (Advanced Package Tool)

- **Definición**: Sistema de gestión de paquetes utilizado por distribuciones basadas en Debian como Ubuntu.
- **Ejemplo**:
    - Instalar un paquete:

    ```bash
    sudo apt install paquete
    ```

    - Actualizar la lista de paquetes:

    ```bash
    sudo apt update
    ```

2. B

Bash (Bourne Again Shell)

- **Definición**: Shell predeterminada en muchas distribuciones de Linux que permite la ejecución de comandos y la escritura de scripts.
- **Ejemplo**:
    - Crear un script simple:

    ```bash
    ```

```bash
#!/bin/bash
echo "Hola, Linux"
```

Bootloader

- **Definición**: Programa responsable de cargar el sistema operativo al iniciar el equipo. En Linux, los más comunes son GRUB y LILO.
- **Ejemplo**:
    - Modificar la configuración de GRUB:

        bash

        ```
        sudo nano /etc/default/grub
        sudo update-grub
        ```

3. C

Chmod

- **Definición**: Comando utilizado para cambiar los permisos de archivos y directorios.
- **Ejemplo**:
    - Otorgar permisos de lectura, escritura y ejecución al propietario:

        bash

        ```
        chmod 700 archivo
        ```

Chown

- **Definición**: Comando que cambia el propietario o grupo de un archivo o directorio.
- **Ejemplo**:
    - Cambiar el propietario de un archivo:

        bash

        ```
        sudo chown usuario archivo
        ```

Crontab

- **Definición**: Herramienta para programar la ejecución automática de tareas en horarios específicos.
- **Ejemplo**:

- Editar las tareas programadas:

    ```bash
    crontab -e
    ```

- Tarea que se ejecuta todos los días a las 3 AM:

    ```javascript
    0 3 * * * /ruta/a/script.sh
    ```

4. D

Daemon

- **Definición**: Proceso en segundo plano que realiza tareas específicas del sistema o servicios.
- **Ejemplo**:
    - Iniciar un daemon:

        ```bash
        sudo systemctl start nombre-del-servicio
        ```

Distro

- **Definición**: Abreviatura de "distribución". Es una versión personalizada de Linux que combina el kernel con software adicional.
- **Ejemplos comunes**:
    - Ubuntu, Fedora, Debian, Arch Linux.

5. F

Filesystem (Sistema de Archivos)

- **Definición**: Estructura que organiza cómo se almacenan y acceden los datos en un dispositivo de almacenamiento.
- **Ejemplos**:
    - Tipos de sistemas de archivos en Linux: `ext4`, `xfs`, `btrfs`.

Firewall

- **Definición**: Sistema de seguridad que controla el tráfico de red entrante y saliente basado en reglas predefinidas.
- **Ejemplo**:
    o Configuración básica con UFW (Uncomplicated Firewall):

    ```bash
    sudo ufw allow 22
    sudo ufw enable
    ```

6. G

GRUB (GRand Unified Bootloader)

- **Definición**: Cargador de arranque que permite elegir entre diferentes sistemas operativos al iniciar el equipo.
- **Ejemplo**:
    o Actualizar la configuración de GRUB:

    ```bash
    sudo update-grub
    ```

7. L

LAMP (Linux, Apache, MySQL, PHP)

- **Definición**: Conjunto de software utilizado para servidores web.
- **Ejemplo**:
    o Instalar LAMP en Ubuntu:

    ```bash
    sudo apt install apache2 mysql-server php
    ```

Log

- **Definición**: Archivo donde se almacenan registros del sistema y aplicaciones.
- **Ejemplo**:
    o Ver los registros del sistema:

    ```bash
    ```

```
tail -f /var/log/syslog
```

8. N

Nano

- **Definición**: Editor de texto simple utilizado en el terminal.
- **Ejemplo**:
    - Editar un archivo:

    bash

    ```
    nano archivo.txt
    ```

NetworkManager

- **Definición**: Herramienta para gestionar conexiones de red en Linux.
- **Ejemplo**:
    - Ver conexiones disponibles:

    bash

    ```
    nmcli device wifi list
    ```

9. P

Package Manager (Gestor de Paquetes)

- **Definición**: Herramienta para instalar, actualizar y gestionar software.
- **Ejemplos**:
    - `apt` (Debian/Ubuntu), `dnf` (Fedora), `pacman` (Arch Linux).

Partition

- **Definición**: División lógica de un disco duro.
- **Ejemplo**:
    - Crear una nueva partición con `fdisk`:

    bash

```
sudo fdisk /dev/sda
```

10. S

Shell

- **Definición**: Interfaz entre el usuario y el sistema operativo que permite ejecutar comandos.
- **Ejemplo**:
    o Shells comunes: Bash, Zsh, Fish.

SSH (Secure Shell)

- **Definición**: Protocolo para acceder de forma segura a sistemas remotos.
- **Ejemplo**:
    o Conectar a un servidor remoto:

    ```bash
    ssh usuario@direccion-ip
    ```

11. T

Tar

- **Definición**: Herramienta para agrupar archivos en un archivo único (comprimido o sin comprimir).
- **Ejemplo**:
    o Crear un archivo tar:

    ```bash
    tar -czf archivo.tar.gz directorio/
    ```

Terminal

- **Definición**: Interfaz de línea de comandos para interactuar con el sistema operativo.
- **Ejemplo**:
    o Abrir un terminal en Ubuntu: `Ctrl + Alt + T`.

12. U

UFW (Uncomplicated Firewall)

- **Definición**: Herramienta para configurar reglas de firewall de manera sencilla.
- **Ejemplo**:
    - Permitir tráfico HTTP:

    ```bash
    sudo ufw allow http
    ```

Update

- **Definición**: Proceso de actualizar la lista de paquetes o el sistema operativo.
- **Ejemplo**:
    - Actualizar la lista de paquetes en Ubuntu:

    ```bash
    sudo apt update
    ```

13. V

Vim

- **Definición**: Editor de texto avanzado para el terminal.
- **Ejemplo**:
    - Abrir un archivo con Vim:

    ```bash
    vim archivo.txt
    ```

Virtual Machine (Máquina Virtual)

- **Definición**: Emulación de un sistema operativo dentro de otro.
- **Ejemplo**:
    - Crear una máquina virtual con VirtualBox.

14. Y

YUM/DNF

- **Definición**: Gestores de paquetes para distribuciones basadas en Red Hat.
- **Ejemplo**:
    o Instalar un paquete:

    bash

    sudo dnf install paquete

15. Z

Zsh (Z Shell)

- **Definición**: Shell avanzada con características adicionales como autocompletado inteligente.
- **Ejemplo**:
    o Instalar Zsh:

    bash

    sudo apt install zsh

18.1. Foros y Comunidades de Linux

Los foros y comunidades en línea son pilares fundamentales para el aprendizaje y el uso eficiente de Linux. Estas plataformas ofrecen apoyo técnico, intercambios de conocimientos y recursos actualizados que benefician tanto a principiantes como a usuarios avanzados. Los foros y comunidades son esenciales para resolver problemas específicos, compartir buenas prácticas y mantenerse informado sobre las últimas novedades del ecosistema Linux.

En esta sección se destacan los foros y comunidades más relevantes, sus características clave y cómo sacarles el máximo provecho.

1. Importancia de las Comunidades en Linux

   1. **Resolución de Problemas Técnicos**:

- La mayoría de las distribuciones Linux tienen comunidades activas donde los usuarios comparten soluciones a problemas comunes y complejos.
2. **Actualización Constante**:
    - Los foros son una fuente de información actualizada sobre nuevos lanzamientos, herramientas y prácticas recomendadas.
3. **Fomentan el Aprendizaje Colaborativo**:
    - Al participar en comunidades, los usuarios pueden aprender de otros y contribuir con sus propios conocimientos.
4. **Apoyo Gratuito y Accesible**:
    - En lugar de depender de soporte técnico pago, los foros ofrecen una alternativa gratuita impulsada por la comunidad.

2. Principales Foros y Comunidades

2.1. Reddit

Descripción:
Reddit alberga varios subreddits dedicados exclusivamente a Linux, donde los usuarios discuten temas técnicos, resuelven dudas y comparten recursos.

Subreddits Destacados:

1. **r/linux**:
    - Comunidad general para entusiastas de Linux.
    - Contenido: Noticias, debates sobre distribuciones y problemas técnicos.
    - URL: reddit.com/r/linux
2. **r/linuxquestions**:
    - Dedicado a resolver dudas específicas.
    - Contenido: Preguntas y respuestas sobre configuraciones, errores y optimizaciones.
    - URL: reddit.com/r/linuxquestions
3. **r/linux4noobs**:
    - Enfocado en principiantes.
    - Contenido: Guías básicas, explicaciones sencillas y soporte técnico amigable.
    - URL: reddit.com/r/linux4noobs

Cómo Aprovecharlo:

- Participa activamente haciendo preguntas o compartiendo soluciones.
- Usa el motor de búsqueda interno para encontrar respuestas a problemas similares.

2.2. Stack Overflow y Stack Exchange

Descripción:
Plataformas de preguntas y respuestas con una amplia comunidad de profesionales técnicos.

Categorías Relevantes:

1. **Unix & Linux (Stack Exchange)**:
   - Dedicado exclusivamente a temas relacionados con Linux y Unix.
   - URL: unix.stackexchange.com
2. **Ask Ubuntu (Stack Exchange)**:
   - Enfocado en Ubuntu y sus derivadas.
   - URL: askubuntu.com

Cómo Aprovecharlo:

- Busca preguntas similares antes de publicar una nueva.
- Proporciona detalles claros al plantear dudas, como versión de Linux y mensajes de error.

2.3. Linux.org

Descripción:
Un foro tradicional y bien establecido, dedicado exclusivamente a Linux.

Características:

- Categorías para principiantes, usuarios intermedios y administradores avanzados.
- Secciones específicas para distribuciones populares.

Contenido Destacado:

- Guías prácticas.
- Debates sobre configuraciones de servidores.
- Noticias y lanzamientos de distribuciones.

URL: linux.org/forums

Cómo Aprovecharlo:

- Participa en discusiones sobre temas específicos como scripting, administración de redes y hardware compatible.

2.4. Foros de Distribuciones Específicas

Cada distribución Linux importante tiene su propio foro, donde los usuarios pueden encontrar soporte técnico y guías personalizadas.

Ubuntu Forums

- **Descripción**: Comunidad oficial de soporte para Ubuntu.
- **URL**: ubuntuforums.org
- **Contenido Destacado**:
    - Configuración de escritorio y servidores.
    - Guías de instalación y solución de problemas específicos de Ubuntu.

Debian Forums

- **Descripción**: Foro oficial para la distribución Debian.
- **URL**: forums.debian.net
- **Contenido Destacado**:
    - Temas sobre estabilidad y personalización avanzada.
    - Configuración de servidores y redes.

Arch Linux Forums

- **Descripción**: Foro oficial de Arch Linux.
- **URL**: bbs.archlinux.org
- **Contenido Destacado**:
    - Guías detalladas sobre configuraciones avanzadas.
    - Discusiones sobre el *Arch Wiki* y scripts personalizados.

Fedora Discussion

- **Descripción**: Foro para usuarios de Fedora, respaldado por Red Hat.
- **URL**: discussion.fedoraproject.org
- **Contenido Destacado**:
    - Solución de problemas en Fedora Workstation y Server.
    - Configuración de herramientas empresariales.

2.5. Comunidades en Discord y Telegram

Descripción:
Plataformas de mensajería instantánea que albergan comunidades activas de Linux.

Destacados en Discord:

1. **Linux Users Group**:
    - Canal general para resolver dudas y compartir recursos.
    - Invita a usuarios de todas las distribuciones.
    - URL: Disponible mediante búsquedas específicas.
2. **Arch Linux Discord**:
    - Canal dedicado a usuarios de Arch Linux.
    - Discusiones sobre optimización y personalización.

Destacados en Telegram:

1. **Linuxgram**:
    - Comunidad en español con soporte técnico y noticias.
    - Búsqueda en Telegram: "Linuxgram".
2. **Bash Scripting**:
    - Canal enfocado en scripting Bash y automatización.

Cómo Aprovecharlos:

- Únete a grupos relevantes según tu nivel de experiencia.
- Usa las funciones de búsqueda para encontrar soluciones previas.

2.6. Meetups y Conferencias en Línea

Descripción:
Muchos eventos de Linux tienen comunidades asociadas en línea.

Plataformas Populares:

1. **Linux Foundation Events**:
    - Conferencias y talleres en línea.
    - URL: events.linuxfoundation.org
2. **Local Linux User Groups (LUGs)**:
    - Comunidades locales de usuarios de Linux, muchas de las cuales tienen foros en línea.

3. Consejos para Participar en Foros y Comunidades

1. **Sé Claro y Preciso**:
    - Al plantear dudas, proporciona detalles como:
        - Versión de Linux.
        - Mensajes de error completos.
        - Acciones previas realizadas.
2. **Usa Etiquetas y Categorías**:
    - Publica tus preguntas en la sección o subreddit correcto.
3. **Contribuye a la Comunidad**:

- o Responde preguntas de otros usuarios cuando sea posible.
- o Comparte soluciones que hayas encontrado.
4. **Aprovecha la Búsqueda**:
    - o Muchas preguntas comunes ya tienen respuestas detalladas.
5. **Sé Respetuoso y Paciente**:
    - o Recuerda que la mayoría de los miembros son voluntarios.

18.2. Documentación Oficial y Libros Recomendados

La documentación oficial y los libros técnicos son recursos esenciales para aprender y dominar Linux. Mientras que la documentación oficial ofrece información precisa y actualizada directamente de las comunidades y desarrolladores, los libros técnicos proporcionan explicaciones más detalladas, ejemplos prácticos y enfoques pedagógicos.

En esta sección se destacan las mejores fuentes de documentación oficial y libros recomendados, explicando sus contenidos, enfoques, y cómo pueden complementar la enseñanza y aprendizaje de Linux.

1. Documentación Oficial

1.1. ¿Por qué la Documentación Oficial es Importante?

1. **Fuente Autorizada**: Es creada y mantenida por los desarrolladores y comunidades responsables de cada distribución o herramienta.
2. **Actualización Constante**: Refleja los cambios y novedades en tiempo real.
3. **Cobertura Completa**: Incluye desde instrucciones básicas hasta configuraciones avanzadas.

1.2. Principales Fuentes de Documentación Oficial

1.2.1. Linux Foundation Documentation

- **Descripción**: Documentación proporcionada por la Linux Foundation, que cubre desde el kernel hasta herramientas avanzadas de administración y desarrollo.
- **Contenido Destacado**:
    - o Introducción al kernel de Linux.
    - o Documentos técnicos sobre estándares y seguridad.
    - o Guías para desarrolladores y administradores de sistemas.
- **URL**: linuxfoundation.org
- **Ejemplo Práctico**:
    - o Guías para compilar el kernel personalizado:

```bash
make menuconfig
make
sudo make install
```

1.2.2. Arch Linux Wiki

- **Descripción**: Considerado uno de los recursos más completos y detallados sobre Linux.
- **Contenido Destacado**:
    - Instalación manual de Arch Linux.
    - Configuración de sistemas avanzados.
    - Solución de problemas comunes.
- **URL**: wiki.archlinux.org
- **Ejemplo Práctico**:
    - Configuración de un gestor de arranque:

    ```bash
    grub-install --target=x86_64-efi --efi-directory=/boot --bootloader-id=GRUB
    ```

1.2.3. Ubuntu Documentation

- **Descripción**: Documentación oficial de Ubuntu, enfocada tanto en usuarios principiantes como avanzados.
- **Contenido Destacado**:
    - Instalación de Ubuntu en servidores y escritorios.
    - Configuración de redes, permisos y servicios.
- **URL**: help.ubuntu.com
- **Ejemplo Práctico**:
    - Configuración de un servidor SSH:

    ```bash
    sudo apt update
    sudo apt install openssh-server
    ```

1.2.4. Red Hat Documentation

- **Descripción**: Guías oficiales de Red Hat Enterprise Linux (RHEL) para administradores y empresas.
- **Contenido Destacado**:
    - Configuración de entornos empresariales.
    - Implementación de herramientas como Ansible y OpenShift.
- **URL**: access.redhat.com/documentation

- **Ejemplo Práctico**:
    - Configuración de SELinux para mejorar la seguridad:

        bash

        setenforce 1

1.2.5. Debian Documentation

- **Descripción**: Guías oficiales para la instalación y configuración de Debian.
- **Contenido Destacado**:
    - Configuración de entornos básicos y servidores.
    - Gestión avanzada de paquetes.
- **URL**: debian.org/doc
- **Ejemplo Práctico**:
    - Instalación de un paquete con APT:

        bash

        sudo apt install nombre-del-paquete

1.2.6. Man Pages (Manual Pages)

- **Descripción**: Documentación integrada en el sistema Linux, accesible desde el terminal.
- **Cómo Usarlo**:
    - Consultar la documentación de un comando:

        bash

        man nombre-del-comando

    - Ejemplo:

        bash

        man chmod

2. Libros Recomendados sobre Linux

2.1. Introducción a Linux

Libro: "The Linux Command Line: A Complete Introduction" por William E. Shotts

- **Enfoque**: Guía práctica para principiantes que cubre los fundamentos del terminal.
- **Contenido Destacado**:
    - Uso de comandos básicos (`ls`, `cd`, `pwd`).
    - Introducción al scripting en Bash.
- **Por qué Leerlo**:
    - Explicaciones claras y ejercicios prácticos.
- **Enlace de Compra**: Amazon

2.2. Administración de Sistemas

Libro: "Linux Administration Handbook" por Evi Nemeth, Garth Snyder y Trent Hein

- **Enfoque**: Guía detallada para administradores de sistemas.
- **Contenido Destacado**:
    - Configuración de servidores Linux.
    - Gestión de redes, usuarios y permisos.
- **Por qué Leerlo**:
    - Excelente para quienes buscan trabajar como administradores de sistemas.

Libro: "Linux Bible" por Christopher Negus

- **Enfoque**: Guía completa para usuarios intermedios y avanzados.
- **Contenido Destacado**:
    - Configuración de redes y servidores.
    - Uso de herramientas como Docker y Kubernetes.
- **Por qué Leerlo**:
    - Actualizado regularmente con las últimas herramientas.

2.3. Seguridad en Linux

Libro: "Practical Linux Security Cookbook" por Tajinder Kalsi

- **Enfoque**: Seguridad práctica en Linux.
- **Contenido Destacado**:
    - Configuración de firewalls con iptables y UFW.
    - Gestión de permisos y políticas de acceso.

- **Por qué Leerlo**:
    - Ideal para aprender ciberseguridad aplicada a Linux.

2.4. Scripting y Automatización

Libro: "Linux Shell Scripting Cookbook" por Shantanu Tushar y Sarath Lakshman

- **Enfoque**: Creación de scripts para automatizar tareas en Linux.
- **Contenido Destacado**:
    - Introducción al scripting Bash.
    - Ejemplos prácticos de automatización.
- **Por qué Leerlo**:
    - Perfecto para aprender a escribir scripts eficientes.

2.5. Referencias Avanzadas

Libro: "UNIX and Linux System Administration Handbook" por Evi Nemeth

- **Enfoque**: Guía avanzada para la administración de sistemas Linux y Unix.
- **Contenido Destacado**:
    - Administración de entornos empresariales.
    - Soluciones a problemas complejos.
- **Por qué Leerlo**:
    - Considerado una biblia para administradores avanzados.

3. Recursos Complementarios

3.1. Sitios Web y Blogs

1. **Linuxize**:
    - Guías prácticas para configuraciones comunes.
    - URL: linuxize.com
2. **HowtoForge**:
    - Tutoriales paso a paso para proyectos en Linux.
    - URL: howtoforge.com

3.2. Plataformas de Aprendizaje en Línea

1. **Linux Foundation Training**:
   - Cursos oficiales sobre administración y desarrollo en Linux.
   - URL: training.linuxfoundation.org
2. **Coursera y edX**:
   - Cursos ofrecidos por universidades como Harvard y Stanford.

4. Consejos para Utilizar Documentación y Libros

1. **Explorar Primero la Documentación Oficial**:
   - Usa fuentes oficiales para resolver problemas específicos o aprender configuraciones avanzadas.
2. **Complementar con Libros**:
   - Los libros son ideales para desarrollar habilidades de manera estructurada.
3. **Practicar con Ejercicios**:
   - Implementa configuraciones y scripts propuestos en los libros para solidificar tus conocimientos.
4. **Combinar Recursos**:
   - Usa la documentación para actualizarte y los libros para obtener explicaciones detalladas.

Preguntas Frecuentes para Educadores sobre la Enseñanza de Linux

Los educadores que enseñan Linux enfrentan una serie de preguntas prácticas relacionadas con el diseño del curso, la preparación de materiales, y la resolución de problemas técnicos. Esta sección reúne las **preguntas más frecuentes** junto con respuestas detalladas y consejos prácticos para ayudar a los docentes a ofrecer una experiencia de aprendizaje efectiva y fluida.

1. ¿Cómo puedo estructurar un curso de Linux para principiantes?

Respuesta:
Un curso de Linux para principiantes debe estar bien estructurado y enfocado en fundamentos prácticos. Aquí tienes un esquema básico:

1. **Introducción** (Semana 1-2):
   - Historia y filosofía de Linux.
   - Instalación y primeros pasos con el sistema operativo.
   - Navegación por el terminal y el sistema de archivos.

2. **Comandos básicos** (Semana 3-4):
    - Comandos esenciales como `ls`, `cd`, `mkdir`, `cp`, y `mv`.
    - Uso de editores de texto como `nano` o `vim`.
3. **Gestión de archivos y usuarios** (Semana 5-6):
    - Permisos y propiedad de archivos.
    - Comandos para usuarios: `chmod`, `chown`, `usermod`.
4. **Automatización básica** (Semana 7):
    - Introducción a scripting con Bash.

Consejo:

- Proporciona ejercicios prácticos al final de cada módulo.
- Diseña actividades relacionadas con tareas reales, como crear un directorio de proyectos o automatizar una tarea simple.

2. ¿Qué recursos gratuitos puedo usar para preparar materiales educativos?

Respuesta:
Hay una gran cantidad de recursos gratuitos disponibles:

1. **Documentación Oficial**:
    - Distribuciones como Ubuntu, Debian, y Arch tienen guías detalladas para principiantes y administradores.
2. **Plataformas de aprendizaje en línea**:
    - Linux Foundation Training
    - edX: Cursos gratuitos como "Introduction to Linux".
3. **Foros y Comunidades**:
    - Reddit: Subreddits como `r/linux4noobs`.
    - Stack Exchange: Categorías como Unix & Linux.
4. **Blogs y Sitios Web**:
    - Linuxize: Guías prácticas.
    - HowtoForge: Tutoriales paso a paso.

Consejo:

- Usa recursos visuales, como videos de YouTube, para complementar los materiales escritos.

3. ¿Qué distribución Linux debo usar en el aula?

Respuesta:
La elección de la distribución depende del nivel de los estudiantes y los objetivos del curso:

1. **Para Principiantes**:
    - **Ubuntu**: Interfaz amigable, fácil de instalar y con gran soporte comunitario.

        - **Linux Mint**: Similar a Ubuntu, pero más intuitivo para usuarios nuevos.
  2. **Para Usuarios Intermedios**:
        - **Fedora**: Actualizado regularmente, ideal para estudiantes técnicos.
        - **Debian**: Estable y confiable para administradores de sistemas.
  3. **Para Usuarios Avanzados**:
        - **Arch Linux**: Proporciona un enfoque "hazlo tú mismo", ideal para aprender configuraciones avanzadas.
  4. **Para Recursos Limitados**:
        - **Debian Edu/Skolelinux** o **Edubuntu**: Optimizadas para aulas con hardware antiguo.

Consejo:

- Usa distribuciones Live USB para evitar instalaciones permanentes en los equipos de los estudiantes.

4. ¿Qué habilidades técnicas necesita un educador para enseñar Linux?

Respuesta:
No es necesario ser un experto en Linux para enseñar conceptos básicos, pero es útil tener dominio de estas áreas:

  1. **Conocimientos Básicos**:
        - Navegación por el terminal.
        - Gestión de archivos y directorios.
        - Uso de comandos básicos (`ls`, `cp`, `mv`).
  2. **Gestión de Sistemas**:
        - Instalación de software mediante gestores de paquetes (`apt`, `yum`).
        - Configuración de usuarios y permisos (`chmod`, `chown`).
  3. **Resolución de Problemas**:
        - Capacidad para interpretar mensajes de error y buscar soluciones en foros o documentación.
  4. **Automatización Básica**:
        - Creación de scripts Bash simples para tareas repetitivas.

Consejo:

- Practica con máquinas virtuales antes de enseñar para ganar confianza en el uso del sistema.

5. ¿Cómo puedo motivar a los estudiantes que nunca han usado Linux?

Respuesta:

  1. **Enfatiza los Beneficios**:

- Explícales cómo Linux es utilizado por grandes empresas como Google y Amazon.
- Destaca que es gratuito, personalizable y esencial para carreras en tecnología.
2. **Facilita el Inicio**:
    - Proporciona distribuciones con entornos gráficos amigables (Ubuntu o Mint).
    - Ofrece tareas prácticas simples al principio para evitar que se sientan abrumados.
3. **Incorpora Gamificación**:
    - Usa tablas de clasificación y recompensas por completar actividades.
    - Ejemplo: Insignias por dominar comandos básicos.
4. **Proyectos Reales**:
    - Diseña proyectos que sean útiles para los estudiantes, como configurar un servidor web básico o crear scripts para automatizar tareas.

Consejo:

- Relaciona las tareas de Linux con aplicaciones del mundo real, como la gestión de servidores o la programación.

6. ¿Cómo manejo la diversidad de niveles técnicos en el aula?

Respuesta:

1. **Evaluación Diagnóstica Inicial**:
    - Realiza un breve cuestionario para identificar los niveles de conocimiento de los estudiantes.
2. **División en Grupos**:
    - Agrupa a los estudiantes por nivel y asigna tareas diferenciadas:
        - Básico: Navegación en el terminal y comandos simples.
        - Intermedio: Gestión de paquetes y permisos.
        - Avanzado: Configuración de redes y scripting.
3. **Contenido Escalonado**:
    - Estructura el curso de manera que los conceptos básicos sirvan como base para temas más avanzados.
4. **Material Opcional**:
    - Proporciona recursos adicionales para estudiantes avanzados que quieran explorar más allá del temario.

Consejo:

- Fomenta el aprendizaje entre pares, asignando a estudiantes avanzados como mentores de los principiantes.

7. ¿Qué hacer si los estudiantes enfrentan problemas técnicos recurrentes?

Respuesta:

1. **Proporciona una Guía de Solución de Problemas**:
    - Ejemplo:
        - **Problema**: "Permiso denegado al ejecutar un script."
        - **Solución**:

            ```bash
            chmod +x script.sh
            ```

2. **Fomenta la Independencia**:
    - Enséñales a buscar en Google, usar `man` para comandos y consultar foros como Stack Overflow.
3. **Implementa Soporte en Línea**:
    - Crea un grupo en plataformas como Discord o Telegram donde los estudiantes puedan compartir dudas.
4. **Configura Máquinas Virtuales**:
    - Trabaja en entornos virtuales donde los errores no afecten el sistema principal.

Consejo:

- Dedica una sesión al inicio del curso para enseñar buenas prácticas de solución de problemas.

8. ¿Qué proyectos puedo asignar para evaluar el aprendizaje?

Respuesta:
Proyectos prácticos que integren múltiples conceptos son ideales:

1. **Nivel Básico**:
    - Crear un directorio organizado y automatizar un respaldo con un script:

        ```bash
        tar -czf respaldo.tar.gz directorio/
        ```

2. **Nivel Intermedio**:
    - Configurar un servidor web básico con Apache:

        ```bash
        sudo apt install apache2
        ```

3. **Nivel Avanzado**:
    - Configurar un servidor seguro con un firewall y SSH.

Consejo:

- Los proyectos deben ser relevantes para la carrera o intereses de los estudiantes.

9. ¿Cómo evalúo el progreso de los estudiantes?

Respuesta:

1. **Evaluaciones Continuas**:
   o Usa cuestionarios prácticos y pruebas rápidas para medir comprensión.
2. **Tareas Prácticas**:
   o Pide a los estudiantes que ejecuten comandos específicos y expliquen sus resultados.
3. **Proyecto Final**:
   o Diseña un proyecto integrador que evalúe habilidades técnicas y prácticas.
4. **Retroalimentación Regular**:
   o Proporciona comentarios específicos sobre las áreas de mejora.

Consejo:

- Usa herramientas como Moodle para organizar evaluaciones y dar seguimiento al progreso.

10. ¿Cómo me preparo para enseñar temas avanzados?

Respuesta:

1. **Investiga y Practica**:
   o Familiarízate con temas avanzados como scripting, administración de redes o ciberseguridad.
2. **Documentación Oficial**:
   o Consulta recursos como el Arch Wiki o las guías de Red Hat para entender configuraciones avanzadas.
3. **Participa en Comunidades**:
   o Aprende de otros educadores y administradores en foros o grupos especializados.
4. **Realiza Proyectos Previos**:
   o Configura servicios como Apache, SSH o un firewall en un entorno virtual antes de enseñarlos.

Consejo:

- Usa simulaciones o laboratorios para enseñar conceptos complejos de manera controlada.

www.ingramcontent.com/pod-product-compliance
Lightning Source LLC
Chambersburg PA
CBHW071019240526
45469CB00006BD/1982